方位と縮尺

1. 方位と縮尺

(1)次の方位図に方向を書きなさい。また①～③の地図上での2cmは実際では何kmになるか、それぞれ答えなさい。

方 位 図

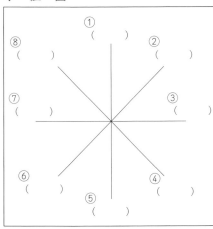

①2万5千分の1の地形図

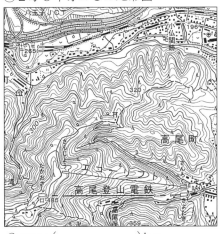

2cm＝（　　　　　）km

②5万分の1の地形図

2cm＝（　　　　　）km

③20万分の1の地勢図

2cm＝（　　　　　）km

JN094432

2. 地図記号

(1)次の①～㊱の地図記号があらわしているものを答えなさい。

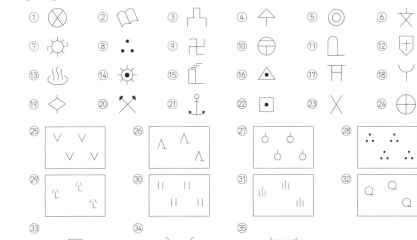

①		②		③	
④		⑤		⑥	
⑦		⑧		⑨	
⑩		⑪		⑫	
⑬		⑭		⑮	
⑯		⑰		⑱	
⑲		⑳		㉑	
㉒		㉓		㉔	
㉕		㉖		㉗	
㉘		㉙		㉚	
㉛		㉜		㉝	
㉞		㉟			

断面図と等高線

(1)下の図は、小島を等高線であらわしたものです。東西のA〜Bの線にそう小島の断面図を描きなさい。

　①図中の □□□□ ア〜エにあてはまる語句を下から選び答えなさい。

　〔せまい、広い、急、ゆるやか〕

　②この図の等高線は(　　　　)mごとにひかれています。

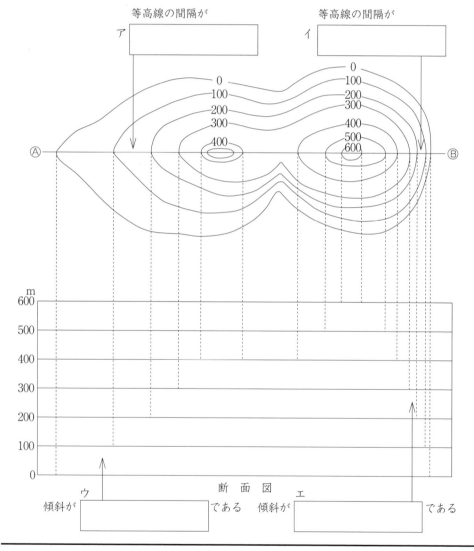

等高線の間隔が　ア □□□□

等高線の間隔が　イ □□□□

傾斜が　ウ □□□□ である　傾斜が　エ □□□□ である

断面図

(2)下の図では「5万分の1の地形図」と同じように、100mごとに計曲線が、20mごとに主曲線がひかれています。このうち計曲線を次の色でなぞりなさい。

　〔100m：緑、200m：だいだい、300m：赤〕

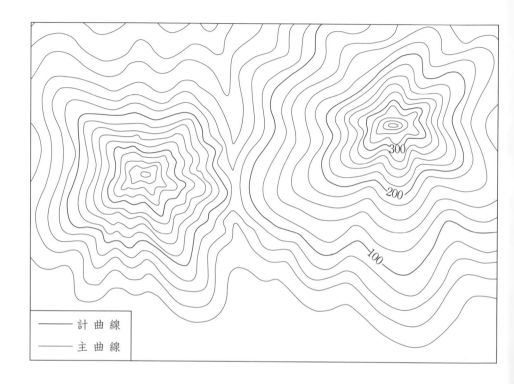

　―――― 計曲線
　―――― 主曲線

(3)次の文の空らんにあてはまる語句を答えなさい。

　等高線の張り出した高いところを結んだ線を(① 　　　　)線とよび、等高線のくいこんだ低いところを結んだ線を(② 　　　　)線とよびます。

　・上の図または右図で、①の線を緑で、②の線を赤でそれぞれなぞりなさい。

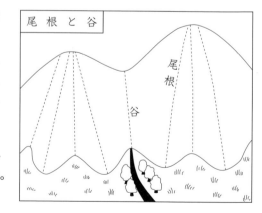

尾根と谷

尾根　谷

地球儀と世界地図

◎ 次の空らんにあてはまる語句や数字を答えなさい。

(1)緯度と経度

①緯度：地球の中心から見たときに地球を南北に分ける角度。㋐＿＿＿＿＿＿を0度

として、北を北緯、南を南緯といい、それぞれ㋑＿＿＿＿＿＿度ずつある。

②経度：北極からロンドンの㋒＿＿＿＿＿＿を通り南極までを結ぶ線を0度として、

東西それぞれ㋓＿＿＿＿＿＿度ずつに分けたもの。

※世界の標準時子午線：㋔＿＿＿＿＿＿度

※日本の標準時子午線：㋕＿＿＿＿＿＿度

※時差：1時間＝経度㋖＿＿＿＿＿＿度

③東京のおおよその位置：緯度は㋗＿＿＿＿＿＿、経度は㋘＿＿＿＿＿＿である。

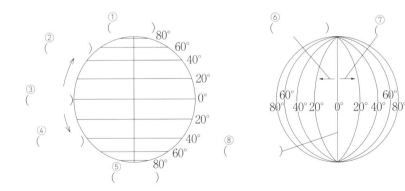

※上の図の空らんにあてはまる語句を下から選びなさい。

〔北緯、南緯、東経、西経、子午線、北極、南極、赤道〕

(2)いろいろな図法

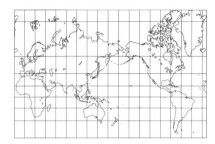

①＿＿＿＿＿＿図法。

②＿＿＿＿＿＿の正しい図法。高緯度ほど

③＿＿＿＿＿＿が大きくあらわされる。

主に④＿＿＿＿＿＿図に利用される。

⑤＿＿＿＿＿＿図法。

⑥＿＿＿＿＿＿が正しい図法。

左右の端に行くほど形はゆがむ。

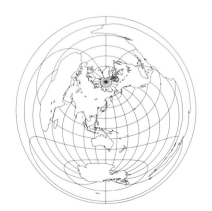

⑦＿＿＿＿＿＿図法。

中心からの⑧＿＿＿＿＿＿や＿＿＿＿＿＿が

正しい図法。

主に⑨＿＿＿＿＿＿図などに利用される。

※日本のほぼ真東にある都市：⑩＿＿＿＿＿＿

行政区分

(1)日本は四つの島と約14000の島々から成りたっています。次の地図を上からなぞり地図を完成させなさい。また、①〜⑤の島の名前を答えなさい。

①	
②	
③	
④	
⑤	

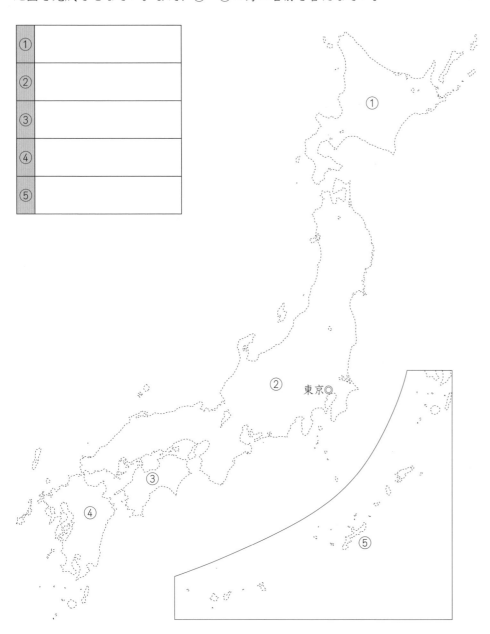

東京◎

(2)次の地図中の①〜⑧の地方名を答え、それぞれ色分けをしなさい。

①	地方
②	地方
③	地方
④	地方
⑤	地方
⑥	地方
⑦	地方
⑧	地方

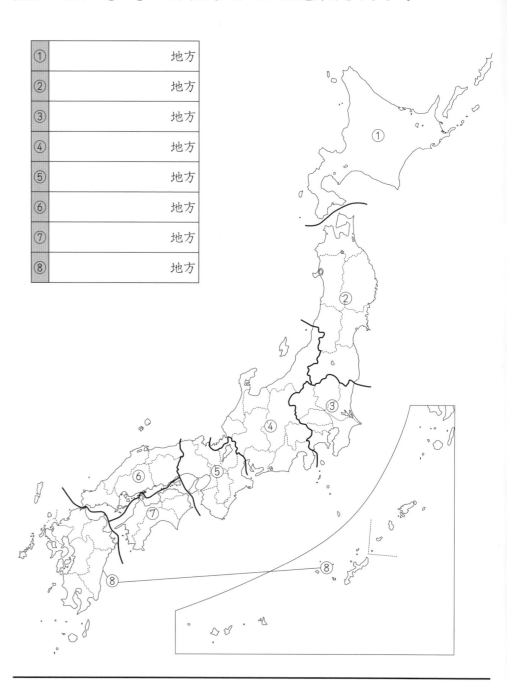

都道府県と都道府県庁所在地(1)

◎次の各地方の都道府県名と庁所在地名を答え、色分けをしなさい。

1. 九州地方

	県　名	県庁所在地
①		
②		
③		
④		
⑤		
⑥		
⑦		
⑧		

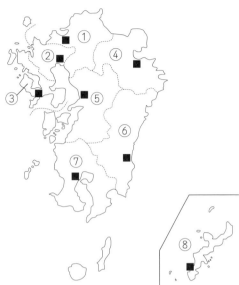

2. 中国地方

	県　名	県庁所在地
①		
②		
③		
④		
⑤		

3. 四国地方

	県　名	県庁所在地
①		
②		
③		
④		

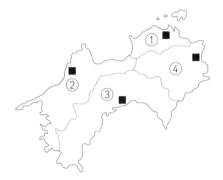

4. 近畿地方

	府　県　名	府県庁所在地
①		
②		
③		
④		
⑤		
⑥		
⑦		

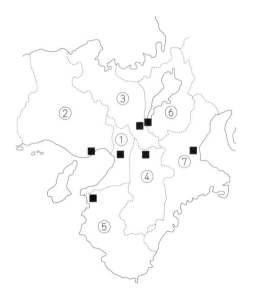

都道府県と都道府県庁所在地(2)

5. 中部地方

	県 名	県庁所在地
①		
②		
③		
④		
⑤		
⑥		
⑦		
⑧		
⑨		

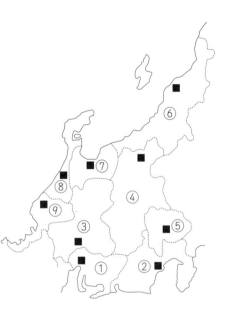

6. 関東地方

	都 県 名	都県庁所在地
①		
②		
③		
④		
⑤		
⑥		
⑦		

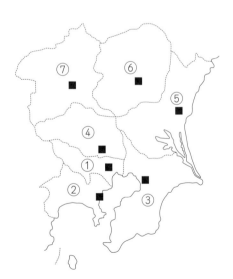

7. 東北・北海道地方

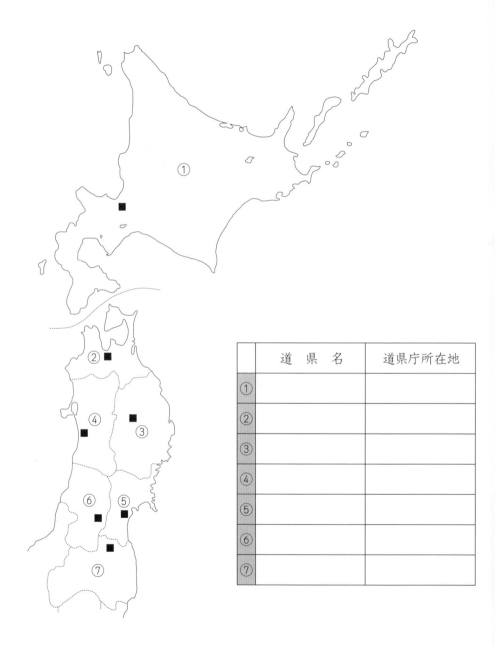

	道 県 名	道県庁所在地
①		
②		
③		
④		
⑤		
⑥		
⑦		

都道府県と都道府県庁所在都市(1)

(1)次の①～㊼の都道府県名を答えなさい。

①	⑰	㉛
②	⑱	㉜
③	⑲	㉝
④	⑳	㉞
⑤	㉑	㉟
⑥	㉒	㊱
⑦	㉓	㊲
⑧	㉔	㊳
⑨	㉕	㊴
⑩	㉖	㊵
⑪	㉗	
⑫	㉘	
⑬	㉙	
⑭	㉚	
⑮		
⑯		

㊶		
㊷		㊺
㊸		㊻
㊹		㊼

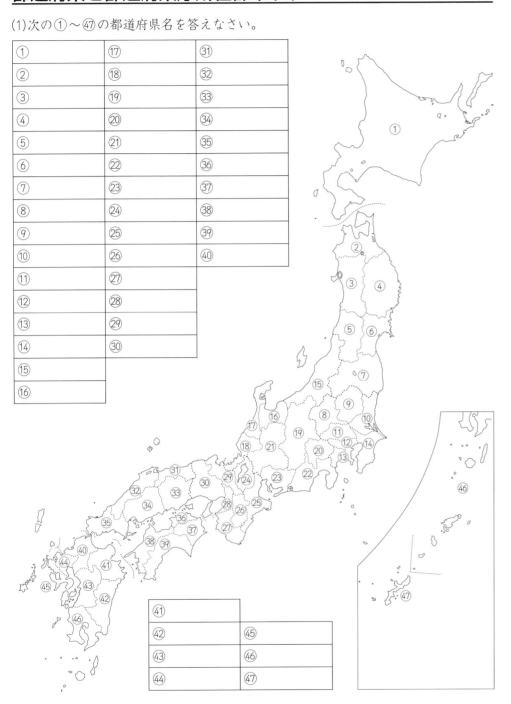

(2)次の①～㊼の都道府県庁所在地名を答えなさい。

①	⑰	㉛
②	⑱	㉜
③	⑲	㉝
④	⑳	㉞
⑤	㉑	㉟
⑥	㉒	㊱
⑦	㉓	㊲
⑧	㉔	㊳
⑨	㉕	㊴
⑩	㉖	㊵
⑪	㉗	
⑫	㉘	
⑬	㉙	
⑭	㉚	
⑮		
⑯		

㊶		
㊷		㊺
㊸		㊻
㊹		㊼

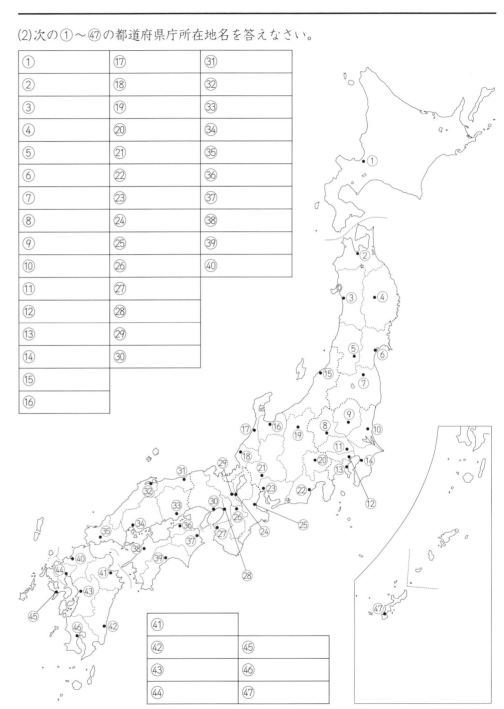

都道府県と都道府県庁所在都市(2)

(3)都道府県名と都道府県庁所在地名のちがうものを答え白地図に色をつけなさい。

	都道府県名	都道府県庁所在地名		都道府県名	都道府県庁所在地名
①			⑮		
②			⑯		
③			⑰		
④			⑱		
⑤					
⑥					
⑦					
⑧					
⑨					
⑩					
⑪					
⑫					
⑬					
⑭					

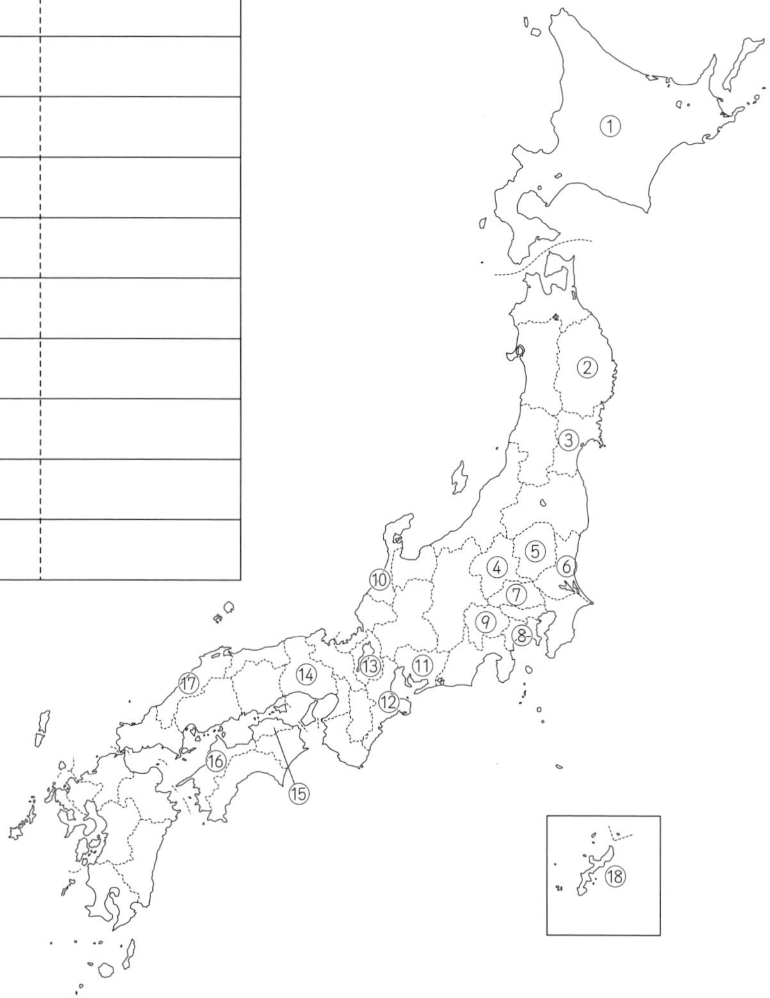

都道府県の面積と内陸県

(1)地図に示した面積の大きい道県・小さい都府県をそれぞれ答え、色分けをしなさい。

面積の大きい道県

A		D	
B		E	
C			

面積の小さい都府県

①	
②	
③	
④	
⑤	

(2)内陸県(海に接していない県)を答え、白地図に色をつけなさい。

①		⑤	
②		⑥	
③		⑦	
④		⑧	

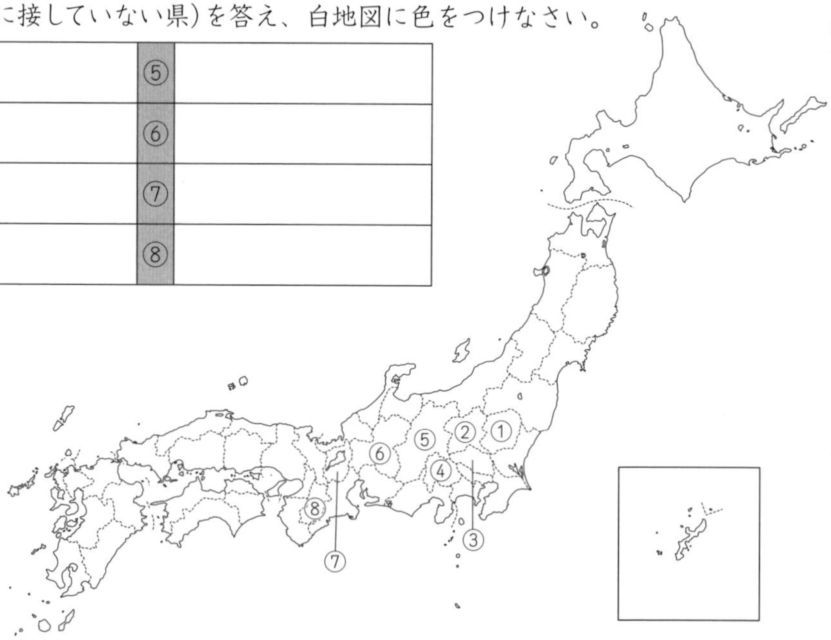

海に面している県

(1)太平洋だけに面している都道府県名を北から順に答え、白地図に色をつけなさい。

①		⑦	
②		⑧	
③		⑨	
④		⑩	
⑤		⑪	
⑥		⑫	

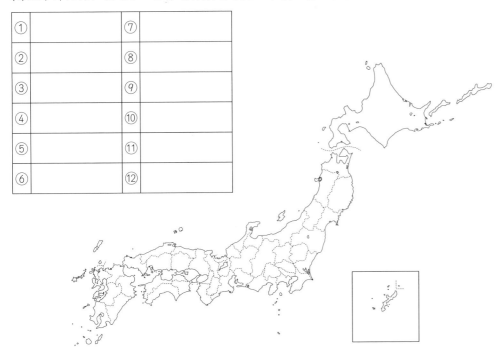

(2)日本海だけに面している都道府県名を北から順に答え、白地図に色をつけなさい。

①	
②	
③	
④	
⑤	
⑥	
⑦	
⑧	
⑨	

(3)瀬戸内海だけと東シナ海だけに面している都道府県名を答え、白地図に色をつけなさい。

①		④	
②		⑤	
③			

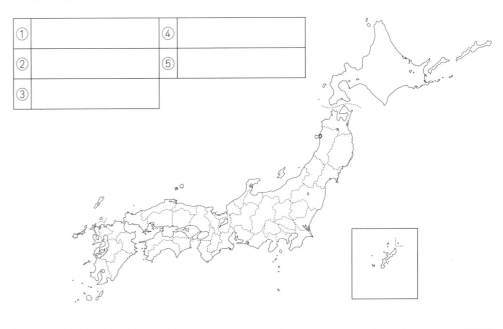

(4)二つ以上の海に面している都道府県名を答え、白地図に色をつけなさい。

①		⑦	
②		⑧	
③		⑨	
④		⑩	
⑤		⑪	
⑥			

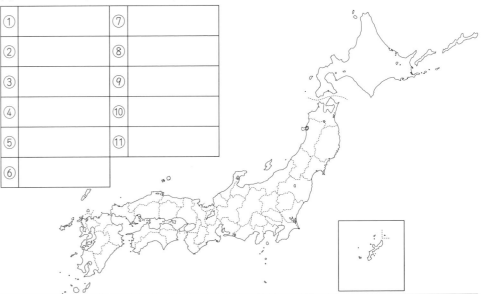

さまざまな都道府県名

(1)県名に山がついているものを答え、白地図に色をつけなさい。

①	
②	
③	
④	
⑤	
⑥	

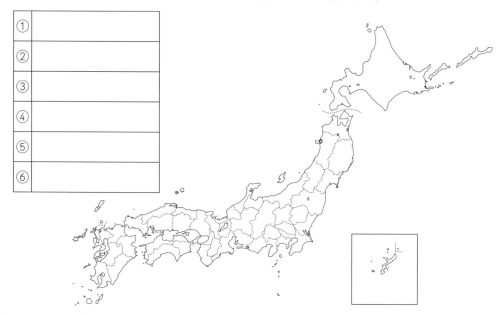

(2)県名に川がついているものを答え、白地図に色をつけなさい。

①	
②	
③	

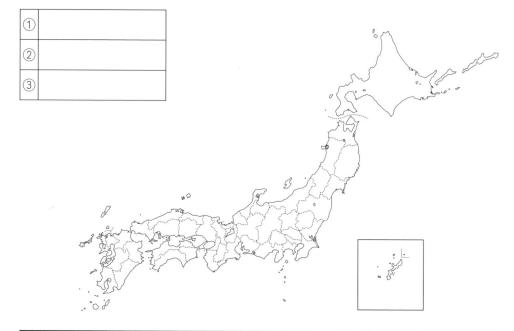

(3)県名に漢数字がついているものを答え、白地図に色をつけなさい。

①	
②	

(4)県名に動物を示す漢字がついているものを答え、白地図に色をつけなさい。

①	
②	
③	
④	

日本の位置・面積

1. 次の空らんにあてはまる語句や数字を地図帳(p.1)などを参考にして答えなさい。

(1)日本の国土

日本は、(① 　　　　　　)(② 　　　　　　)(③ 　　　　　　)

(④ 　　　　　　)と、それらに付属する、約(⑤ 　　　　　　)の島々から

できていて、南北の長さは、約(⑥ 　　　　　　)kmである。

(2)日本の位置

┌ 経度・緯度上の位置・〈日本の四すみ〉 ──────────
│ ①東のはし(⑦ 　　　)都、(⑧ 　　　)島、東経(⑨ 　　　)
│ ②西のはし(⑩ 　　　)県、(⑪ 　　　)島、東経(⑫ 　　　)
│ ③南のはし(⑬ 　　　)都、(⑭ 　　　)島、北緯(⑮ 　　　)
│ ④北のはし(⑯ 　　　)道、(⑰ 　　　)島、北緯(⑱ 　　　)
└────────────────────────────

⑤兵庫県(⑲ 　　　)市にある日本標準時標は、東経(⑳ 　　　)度の所に

たてられている。

⑥東京は、およそ東経(㉑ 　　　)度、北緯(㉒ 　　　)度にある。

(3)日本の面積

①総面積は約(㉓ 　　　)万km²

[地球の陸地の400分の1で、世界で50番目ぐらいの広さ]

※ ┌ 面積が世界最大の国－(㉔ 　　　)
　 └ 面積が世界最小の国－(㉕ 　　　)

②四大島の面積……地図帳 (p.2)を参考にしてグラフを完成させなさい。

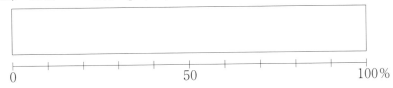

```
0              50           100%
```

③世界の国々との比較(北方領土を含む)

● ロシア連邦の(㉖ 　　　)分の1　● 中華人民共和国の(㉗ 　　　)分の1

● アメリカ合衆国の(㉘ 　　　)分の1　● カナダの(㉙ 　　　)分の1

● オーストラリアの(㉚ 　　　)分の1

日本の周囲

2. 地図帳(p.1とp.117)を参考にして、国名・海洋名・島名・緯度・経度を答えなさい。

山地・山脈・高地

(1)地図中の山地・山脈・高地名を地図帳(p.11～12)を参考にして答えなさい。また、あとの(　)にあてはまる語句を答えなさい。

①		⑫	
②		⑬	
③		⑭	
④		⑮	
⑤		⑯	
⑥		⑰	
⑦		⑱	
⑧		⑲	
⑨		⑳	
⑩		㉑	
⑪			

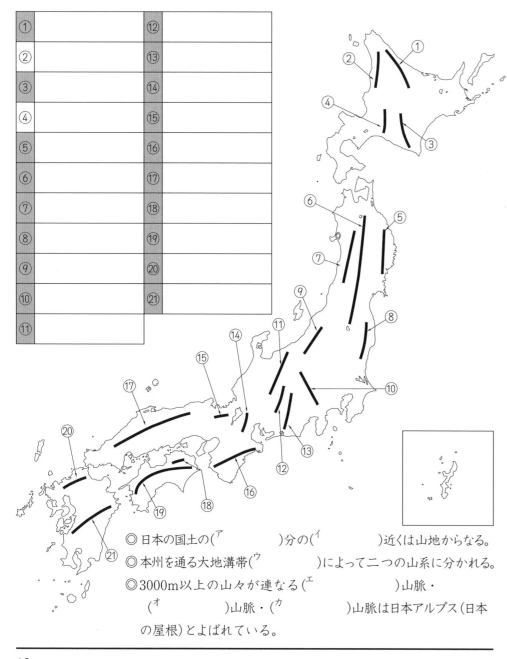

◎日本の国土の(ア　　　)分の(イ　　　)近くは山地からなる。

◎本州を通る大地溝帯(ウ　　　)によって二つの山系に分かれる。

◎3000m以上の山々が連なる(エ　　　)山脈・(オ　　　)山脈・(カ　　　)山脈は日本アルプス(日本の屋根)とよばれている。

火山・火山帯

(1)地図中の①～⑯の火山名を地図帳(p.11～12)を参考にして答えなさい。また、A～Gの火山帯を、東日本火山帯と西日本火山帯に分けなさい。さらに、あとのア～イの(　)にあてはまる語句を答えなさい。

①		⑨	
②		⑩	
③		⑪	
④		⑫	
⑤		⑬	
⑥		⑭	
⑦		⑮	
⑧		⑯	

東日本火山帯	
西日本火山帯	

◎日本は太平洋の周りを円状にとりまく(ア　　　)造山帯の一部に属している。

◎世界最大級のカルデラをもつ火山は(イ　　　)である。

おもな平野

(1)地図中の①〜⑱にあてはまる平野名を答えなさい。

①		⑩	
②		⑪	
③		⑫	
④		⑬	
⑤		⑭	
⑥		⑮	
⑦		⑯	
⑧		⑰	
⑨		⑱	

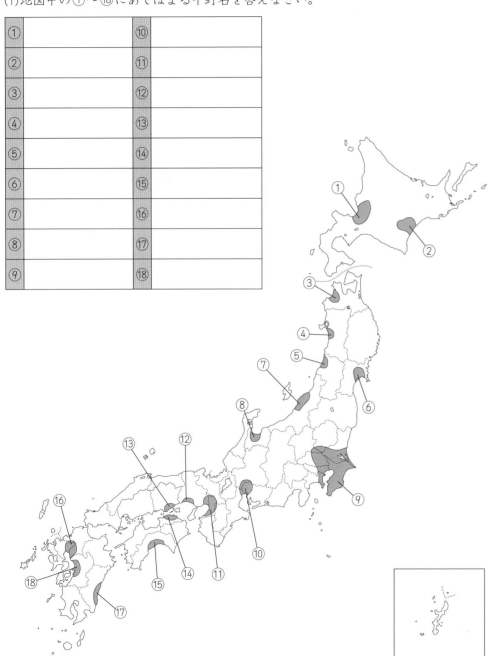

おもな盆地・台地

(1)地図中の①〜⑳にあてはまる盆地・台地名を答えなさい。

①		⑪	
②		⑫	
③		⑬	
④		⑭	
⑤		⑮	
⑥		⑯	
⑦		⑰	
⑧		⑱	
⑨		⑲	
⑩		⑳	

台 地

盆 地

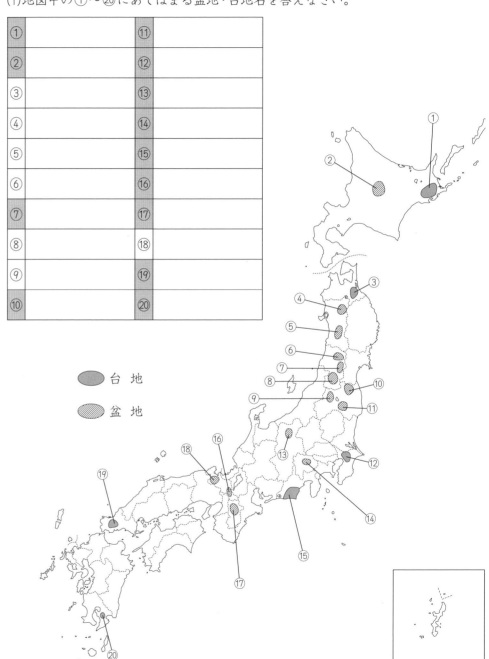

おもな川

(1)次の地図中の①～㉘の河川名を答えなさい。

①		⑭		㉗		
②		⑮		㉘		
③		⑯				
④		⑰				
⑤		⑱				
⑥		⑲				
⑦		⑳				
⑧		㉑				
⑨		㉒				
⑩		㉓				
⑪		㉔				
⑫		㉕				
⑬		㉖				

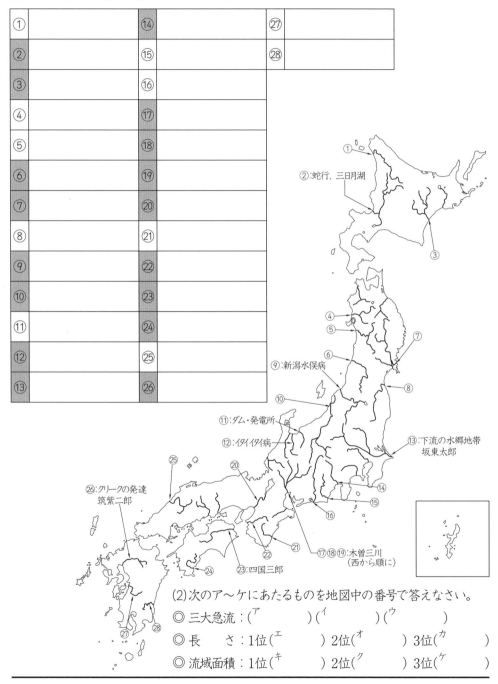

②:蛇行、三日月湖
⑨:新潟水俣病
⑪:ダム・発電所
⑫:イタイイタイ病
⑬:下流の水郷地帯
坂東太郎
㉖:クリークの発達
筑紫二郎
㉓:四国三郎
⑰⑱⑲:木曽三川
（西から順に）

(2)次のア～ケにあたるものを地図中の番号で答えなさい。

◎ 三大急流：(ア　　　)(イ　　　)(ウ　　　)

◎ 長　さ：1位(エ　　)2位(オ　　)3位(カ　　)

◎ 流域面積：1位(キ　　)2位(ク　　)3位(ケ　　)

おもな半島・岬

(1)地図中の①～㉒の半島名とА～Нの岬名を答えなさい。

①		⑫	
②		⑬	
③		⑭	
④		⑮	
⑤		⑯	
⑥		⑰	
⑦		⑱	
⑧		⑲	
⑨		⑳	
⑩		㉑	
⑪		㉒	

A		E	
B		F	
C		G	
D		H	

おもな湾と海峡

(1)次の地図中の①〜⑳の湾名とA〜Hの海峡名(D・Eは水道名)を答えなさい。

①		⑬	
②		⑭	
③		⑮	
④		⑯	
⑤		⑰	
⑥		⑱	
⑦		⑲	
⑧		⑳	
⑨			
⑩			
⑪			
⑫			

A		E	
B		F	
C		G	
D		H	

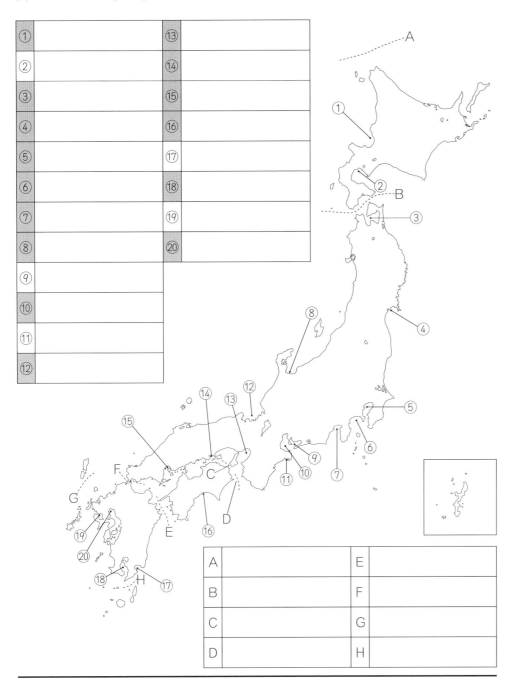

おもな島

(1)次の地図中の①〜㉕の島名・諸島名を答えなさい。また、①〜㉕はどの都道府県に属するかも答えなさい。

(2)日本の最端の島の名前を東西南北それぞれ答えなさい。

	島 名	都道府県名		島 名	都道府県名
①			⑲		
②			⑳		
③			㉑		
④			㉒		
⑤			㉓		
⑥			㉔		
⑦			㉕		
⑧					
⑨					
⑩					
⑪					
⑫					
⑬					
⑭					
⑮					
⑯					
⑰					
⑱					

東	
西	
南	
北	

湖

(1)次の地図中の湖(潟)の名前を地図帳を参考にして答えなさい。

①		湖	F	⑬	湖	A
②		湖	B	⑭	湖	F
③		湖	B	⑮	湖	A
④		湖	B	⑯	海	F
⑤		湖	B	⑰	湖	F
⑥		湖	B	⑱	湖	B
⑦		湖	B			
⑧		潟	F			
⑨		湖	B			
⑩		湖	A			
⑪		浦	F			
⑫		五湖	E			

※分類は理科年表、1996年版

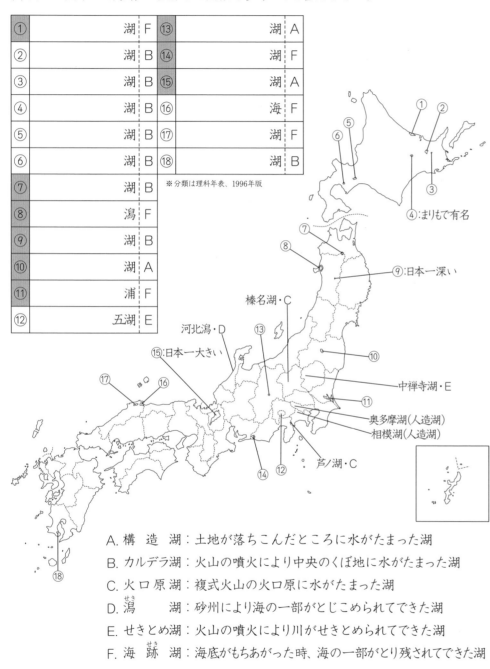

④:まりもで有名
⑨:日本一深い
榛名湖・C
河北潟・D
⑮:日本一大きい
中禅寺湖・E
奥多摩湖(人造湖)
相模湖(人造湖)
芦ノ湖・C

A. 構 造 湖：土地が落ちこんだところに水がたまった湖
B. カルデラ湖：火山の噴火により中央のくぼ地に水がたまった湖
C. 火 口 原 湖：複式火山の火口原に水がたまった湖
D. 潟(せき) 湖：砂州により海の一部がとじこめられてできた湖
E. せきとめ湖：火山の噴火により川がせきとめられてできた湖
F. 海 跡(せき) 湖：海底がもちあがった時、海の一部がとり残されてできた湖

国立公園

(1)次の地図中の国立公園を地図帳を参考にして答えなさい。

〈日本三景〉

A	
B	
C	

①		⑮		㉙	
②		⑯		㉚	
③		⑰		㉛	
④		⑱		㉜	
⑤		⑲		㉝	
⑥		⑳		㉞	
⑦		㉑			
⑧		㉒			
⑨		㉓			
⑩		㉔			
⑪		㉕			
⑫		㉖			
⑬		㉗			
⑭		㉘			

(参考)…国立公園は環境省が管理する。
国定公園は都道府県が管理し
現在58か所ある。

小笠原諸島

海岸線と海流

(1)次の地図中の①～④の海流名を答え、暖流・寒流の色分けをしなさい。

(2)次の地図中のA～Gの地域名を答え、海岸線の種類(リアス、砂浜)を答えなさい。

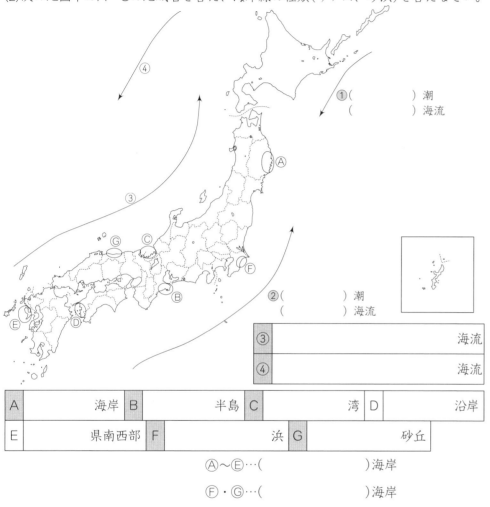

①(　　　　　　)潮
　(　　　　　　)海流

②(　　　　　　)潮
　(　　　　　　)海流

③		海流
④		海流

A		海岸	B		半島	C		湾	D		沿岸
E		県南西部	F		浜	G		砂丘			

Ⓐ～Ⓔ…(　　　　　　)海岸

Ⓕ・Ⓖ…(　　　　　　)海岸

(3)次のあ○にあてはまる語句を答えなさい。

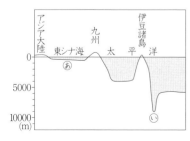

あ(　　　　　　　　　　):水深200m未満の浅い海。
　　　　　　　　　　　　よい漁場となっている。

○(　　　　　　　　　　):海底が溝のように深くなっ
　　　　　　　　　　　　ているところ。

日本の気候(1)

(1)世界の気候帯…地図帳(p.93～94)を参考にして、気候名を答えなさい。

A＿＿＿＿＿＿:雨が多く、熱帯雨林が広がる。

B＿＿＿＿＿＿:雨が少なく、砂漠や草原が
　　　　　　　広がる。

C＿＿＿＿＿＿:温暖多雨で、四季がはっきり
　　　　　　　している。

D＿＿＿＿＿＿:冬の寒さが厳しく、針葉樹林
　　　　　　　が広がる。

E＿＿＿＿＿＿:一年中寒く、氷や雪に閉ざ
　　　　　　　されている。

(2)日本の気候の特色…次の①～⑥にあてはまる語句を答えなさい。

①国土の大部分が①＿＿＿＿＿＿に属しており、②＿＿＿＿＿＿の区別がはっきり
　している。

②夏には③＿＿＿＿＿＿から、冬には④＿＿＿＿＿＿からふく季節風の影響をうける。

③季節風の影響や⑤＿＿＿＿＿・⑥＿＿＿＿＿などのために降水量が多い。

(3)各地の気候の特色…地図帳(p.18)を参考にして、あてはまる語句を答えなさい。

A.＿＿＿＿＿＿側の気候

①夏は、高温でむし暑く、⑦＿＿＿＿＿が多い。

②冬は、⑧＿＿＿＿＿は少なく、比較的温暖で⑨＿＿＿＿＿の日が多い。

B.＿＿＿＿＿＿側の気候

①夏は、晴れた日がつづき、高温になる。⑩＿＿＿＿＿現象がよくおこる。

②冬は、⑪＿＿＿＿＿や⑫＿＿＿＿＿が多く、くもりがちの日がつづく。

C.＿＿＿＿＿＿の気候

①一年を通じて気温が低く、⑬＿＿＿＿＿がなく降水量は⑭＿＿＿い。

②冬の期間が長く、⑮＿＿＿＿＿がきびしい。

D.＿＿＿＿＿の気候

　①夏・冬ともに季節風が山地にさえぎられるため、降水量は比較的

　　⑯＿＿＿＿＿い。

　②気温の⑰＿＿＿＿＿差(夏と冬)・⑱＿＿＿＿＿差(昼と夜)が大きい。

E.＿＿＿＿＿の気候

　①夏・冬ともに季節風が山地にさえぎられるため、降水量は比較的

　　⑲＿＿＿＿＿い。

　②一年を通じて、気候がおだやかで、⑳＿＿＿＿＿の日が多い。

F.＿＿＿＿＿の気候

　①一年中、気温が高く、雨も多く、

　　㉑＿＿＿＿＿の被害をよくうける。

(4)日本の気候区を地図帳(p.18)を参考にして、
　凡例にしたがって色分けをしなさい。

　　　　凡　例
　□ 北 海 道 の 気 候
　□ 日 本 海 側 の 気 候
　□ 太 平 洋 側 の 気 候
　□ 内 陸 の 気 候
　□ 瀬 戸 内 の 気 候
　□ 南 西 諸 島 の 気 候
　⇨ (青)冬 の 季 節 風
　⇨ (赤)夏 の 季 節 風

(5)地図帳の資料(p.136)を見て、下の雨温図を完成させなさい。

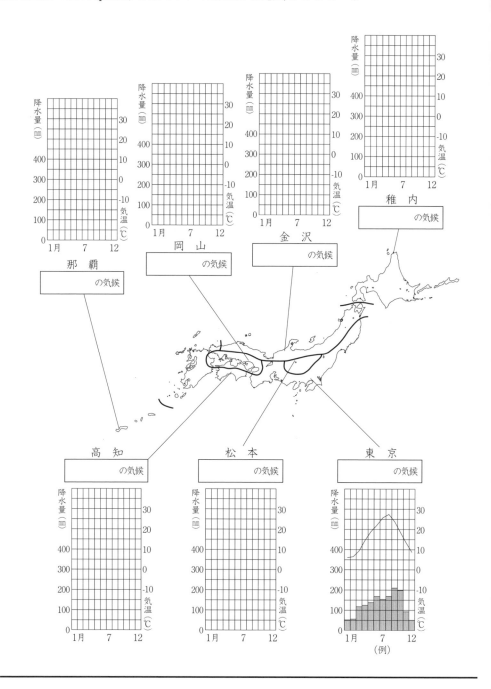

1. 次の空らんにあてはまる地名を地図帳を参考にして答えなさい。

A.（A　　　　　　）に注ぐ川

(1) 天塩川　（①　　　　　　）盆地→（②　　　　　　）平野

(2) 石狩川　（③　　　　　　）盆地→（④　　　　　　）平野→（⑤　　　　　　）湾

(3) 岩木川　（⑥　　　　　　）平野→（⑦　　　　　　）湖

(4) 米代川　（⑧　　　　　　）盆地→（⑨　　　　　　）盆地→（⑩　　　　　　）平野

(5) 雄物川　（⑪　　　　　　）盆地→（⑫　　　　　　）平野

(6) 最上川　（⑬　　　　　　）盆地→（⑭　　　　　　）盆地→（⑮　　　　　　）平野

(7) 阿賀野川（⑯　　　　　　）湖　→（⑰　　　　　　）盆地→（⑱　　　　　　）平野

(8) 信濃川　（⑲　　　　　　）盆地→（⑳　　　　　　）盆地→（㉑　　　　　　）盆地
　　　　　　→（㉒　　　　　　）盆地→（㉓　　　　　　）平野

(9) 神通川　（㉔　　　　　　）平野→（㉕　　　　　　）湾

(10) 江の川　（㉖　　　　　　）盆地

B.（B　　　　　　）に注ぐ川

(11) 十勝川　（㉗　　　　　　）平野

(12) 北上川　（㉘　　　　　　）盆地→（㉙　　　　　　）平野→（㉚　　　　　　）湾

(13) 阿武隈川（㉛　　　　　　）盆地→（㉜　　　　　　）盆地→（㉝　　　　　　）湾

(14) 利根川　（㉞　　　　　　）盆地→（㉟　　　　　　）平野

(15) 荒川　　（㊱　　　　　　）盆地→（㊲　　　　　　）平野→（㊳　　　　　　）湾

(16) 富士川　（㊴　　　　　　）盆地→（㊵　　　　　　）湾

(17) 天竜川　（㊶　　　　　　）湖　→（㊷　　　　　　）盆地→（㊸　　　　　　）灘

(18) 木曽川　（㊹　　　　　　）谷　→（㊺　　　　　　）平野→（㊻　　　　　　）湾

(19) 大淀川　（㊼　　　　　　）盆地→（㊽　　　　　　）平野

C. その他の川

(20) 淀川　　（㊾　　　　　　）湖　→（㊿　　　　　　）盆地→（51　　　　　　）平野
　　　　　　→（52　　　　　　）湾

(21) 筑後川　（53　　　　　　）平野→（54　　　　　　）海

(22) 球磨川　（55　　　　　　）盆地→（56　　　　　　）平野→（57　　　　　　）海

2. 下の白地図の河川に左の河川名の番号を記入しなさい。

◯…盆　地

⬤…平　野

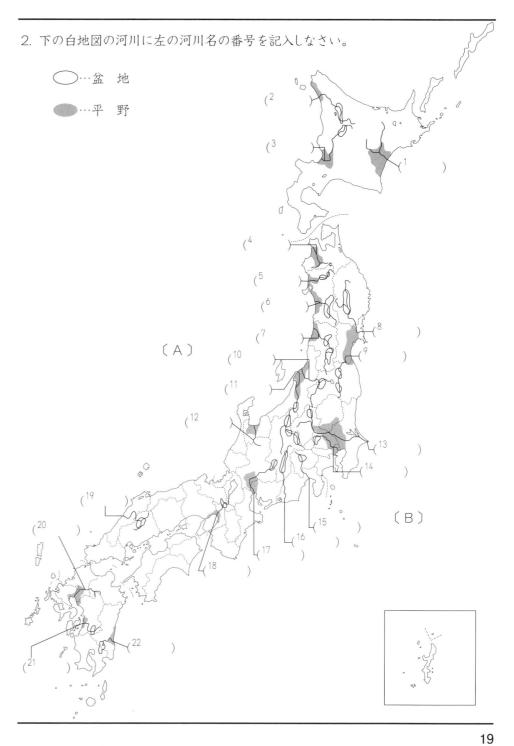

国土のまとめ(2)

(1)下図のア〜スにあてはまる災害を年表から選んでその番号を書きなさい。

番号	年 月	自 然 災 害
①	1983年5月	日本海中部地震(被害は秋田県に多く、とくに津波による被害大)
②	1984年9月	長野県西部地震(大規模な土石流による被害が大)
③	1986年11月	三原山噴火(全島民が島外へ避難)
④	1991年6月	雲仙普賢岳噴火(火砕流多発、家屋・山林に被害大)
⑤	1993年7月	北海道南西沖地震(津波による奥尻島の被害が大)
⑥	1995年1月	兵庫県南部地震(阪神・淡路大震災、活断層による直下型地震)
⑦	2000年3月	北海道有珠山噴火
⑧	2000年8月	三宅島雄山噴火、9月全島避難
⑨	2004年10月	新潟県中越地震
⑩	2011年3月	東北地方太平洋沖地震(東日本大震災)
⑪	2014年9月	御嶽山噴火
⑫	2016年4月	熊本地震
⑬	2018年9月	北海道胆振東部地震

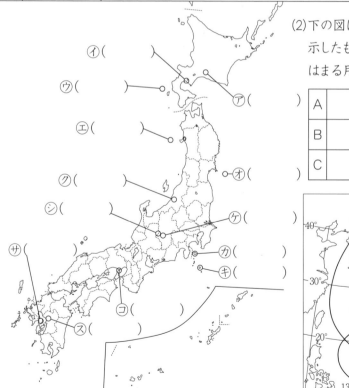

(2)下の図は台風の月別の進路を示したものです。A〜Eにあてはまる月を書きなさい。

A		D	
B		E	
C			

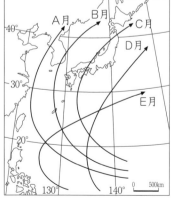

日本アルプス〔=日本の屋根〕	北アルプス	中央アルプス	南アルプス
	山脈	山脈	山脈
日本一高い山			
長 い 川	1位	2位	3位
流 域 面 積	1位	2位	3位
三 大 急 流			
面積の広い湖	1位	2位	3位
最 深 の 湖			

〈世界の自然〉

	1位	2位	3位
長 い 川			
流 域 面 積	1位	2位	3位
最 大 の 湖			
最 深 の 湖			
世界一高い山			
最 大 の 島			
最 大 砂 漠			

農産物（1）

1. わが国の農産物

(1)次の円グラフを統計資料を参考にして完成させなさい。

農産物の作付け面積の割合

万ha

農産物の産出額の割合

兆億円

2. 米の生産

(1)次の各文章の下線部にあてはまる語句を答えなさい。

①米は日本人の主食であり、日本の①＿＿＿＿＿な気候が米の栽培にあっていることなどから、古くから米作りがさかんである。

②政府による②＿＿＿＿＿によって、米作りが保護されてきたが、1969年から、国の指定した業者が政府を通さずに米を売買いできる③＿＿＿＿＿のしくみが認められた。

③食生活の変化などにより、米があまってきたため、国では④＿＿＿＿＿や⑤＿＿＿＿＿などの⑥＿＿＿＿＿政策（＝生産調整）を実施している。

④日本は原則として米の輸入は行っていなかったが、米の⑦＿＿＿＿＿化の要求が各国から強かったため、米を毎年一部輸入することを決めた。

⑤日本海側や雪の多い地方では、冬の⑧＿＿＿＿＿作ができないために、夏に米を作るだけの⑨＿＿＿＿＿地帯となっている。しかし、暖かい地方は、夏の間に米を、冬には麦や野菜などを作る⑩＿＿＿＿＿作を行っている。

(2)次の地方別の米の生産のグラフの空らんに適切な地方名を入れ、また下の文章の下線部にあてはまる語句を書き入れなさい。

地方別の米のとれ高（2022年）

四国 3.0
東海 6.0
近畿 6.9
中国 6.9
D 7.6
九州 10.2
C 14.7
B 17.8
A 26.8%
合計 727万t

A	
B	
C	
D	

◎ 米の生産は各地で行われているが、
①＿＿＿＿＿・②＿＿＿＿＿地方は
「日本の③＿＿＿＿＿」とよばれている。

(3)米の生産高の多い都道府県名を、統計資料を参考にして答え、色別に白地図に記入しなさい。

1	
2	
3	
4	
5	

(4)次の地図中の①〜㉒の米作りのさかんな平野・盆地名と、③〜⑥の平野でおもに
作られている米の銘柄を答えなさい。

平野名・盆地名

①		⑫	
②		⑬	
③		⑭	
④		⑮	
⑤		⑯	
⑥		⑰	
⑦		⑱	
⑧		⑲	
⑨		⑳	
⑩		㉑	
⑪		㉒	

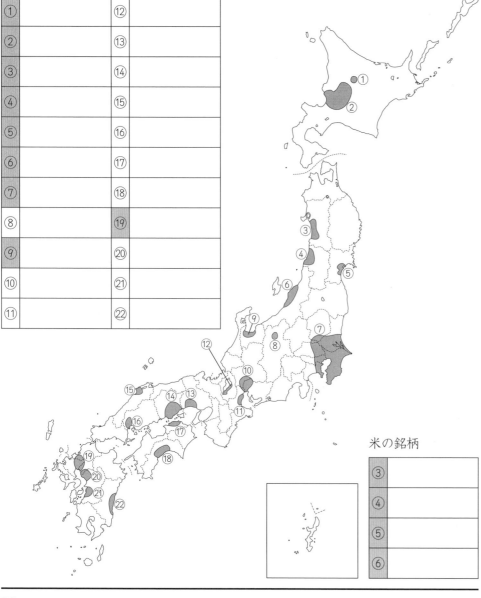

米の銘柄

③	
④	
⑤	
⑥	

3. 日本の畑作・畜産

(1)次の各文章の下線部にあてはまる語句を答えなさい。

①大都市周辺で行われている農業を、①＿＿＿＿＿農業という。

②近年は、冷蔵・冷凍設備を備えた輸送機関②＿＿＿＿＿の発達で、新鮮な野菜を
遠くまで運べるようになり、自動車も運ぶ③＿＿＿＿＿の利用も進んでいる。

③暖かい地方では、④＿＿＿＿＿や温室を利用しての⑤＿＿＿＿＿栽培(＝早づくり)
や草花の栽培などが行われている。

④高原などでは、夏のすずしい気候を利用して、はくさい・キャベツ・レタスなど
を時期を遅らせてつくる⑥＿＿＿＿＿栽培が行われている。

⑤くだものの生産は、暖かい地方の⑦＿＿＿＿＿、すずしい地方の⑧＿＿＿＿＿
など、気候や地形に合わせて栽培されている。

⑥1991年に⑨＿＿＿＿＿の輸入が自由化されるなど、外国産のくだものとの競争が
はげしくなっている。

⑦おもにパンやめん類などの原料になる⑩＿＿＿＿＿は、外国からの輸入が増え、
国内の生産量は少ない。

⑧「畑の肉」ともいわれる⑪＿＿＿＿＿は、しょう油・みそ・とうふ・食用油などの
原料となる。近年は、大部分を輸入にたよっており、その大部分を⑫＿＿＿＿＿
から輸入している。

⑨加工されて製品となる作物のことを⑬＿＿＿＿＿という。おもなものに茶、たばこ、
たたみ表の原料となる⑭＿＿＿＿＿、さとうの原料となる⑮＿＿＿＿＿・
⑯＿＿＿＿＿などがある。

⑩飼料作物を栽培して乳牛を飼育し、牛乳やバター・チーズなどの乳製品をつくる
農業を⑰＿＿＿＿＿という。

⑪肉類のなかで消費量が最も多いのは⑱＿＿＿＿＿である。

⑫にわとりは、需要が増え、大規模な養けい場も多い。近年はやわらかい肉用の
⑲＿＿＿＿＿の生産がさかんである。

おもな畑作物・畜産(1)

(1)下の図に示した、促成栽培や時期をずらした野菜の栽培のさかんな地名を答えなさい。

①	山ろく
②	山ろく
③	半島
④	山
⑤	半島
⑥	平野
⑦	平野

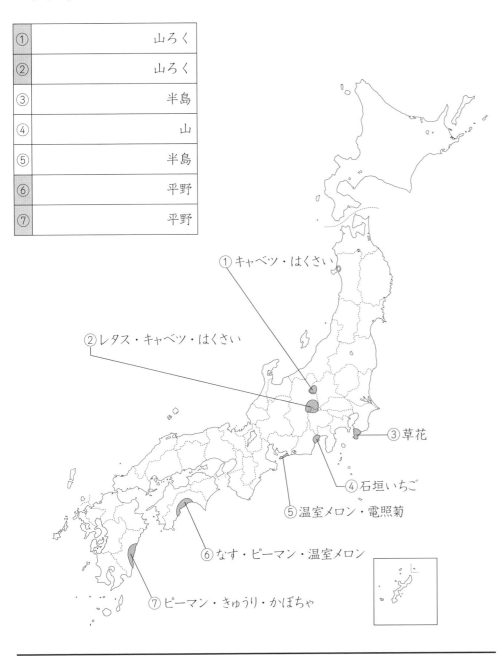

① キャベツ・はくさい

② レタス・キャベツ・はくさい

③ 草花

④ 石垣いちご

⑤ 温室メロン・電照菊

⑥ なす・ピーマン・温室メロン

⑦ ピーマン・きゅうり・かぼちゃ

(2)次の生産物の生産高の順位を、統計資料を参考にして、都道府県名を答え、白地図に順位別に色をつけなさい。

1. 小 麦 (2022年)

①	
②	
③	
④	
⑤	

2. じゃがいも (2021年)

①	
②	
③	
④	
⑤	

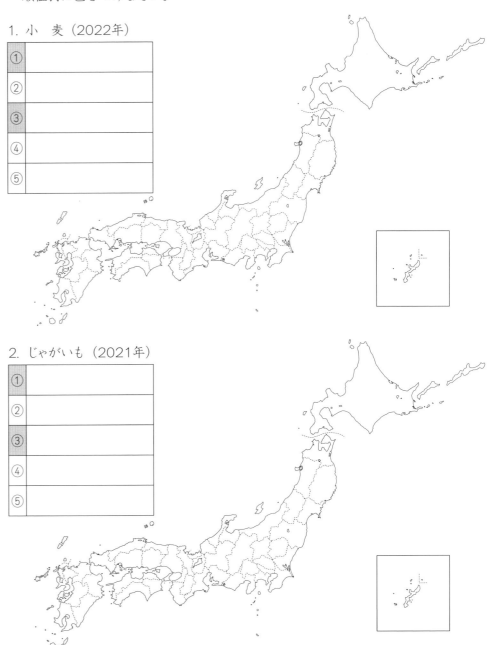

3. さつまいも（2021年）

①	
②	
③	

4. たまねぎ（2021年）

①	
②	
③	

5. ピーマン（2021年）

①	
②	
③	
④	

6. きゅうり（2021年）

①	
②	
③	
④	
⑤	

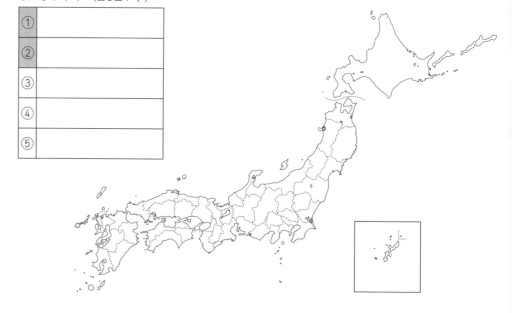

おもな畑作物・畜産(3)

7. キャベツ (2021年)

①	
②	
③	
④	
⑤	

9. りんご (2021年)

①	
②	
③	
④	
⑤	

8. レタス (2021年)

①	
②	
③	
④	
⑤	

10. みかん (2021年)

①	
②	
③	
④	
⑤	

おもな畑作物・畜産(4)

11. 日本なし（2021年）

①	
②	
③	
④	
⑤	

12. さくらんぼ（おうとう）（2021年）

①	
②	

13. ぶどう（2021年）

①	
②	
③	
④	
⑤	

14. もも（2021年）

①	
②	
③	
④	
⑤	

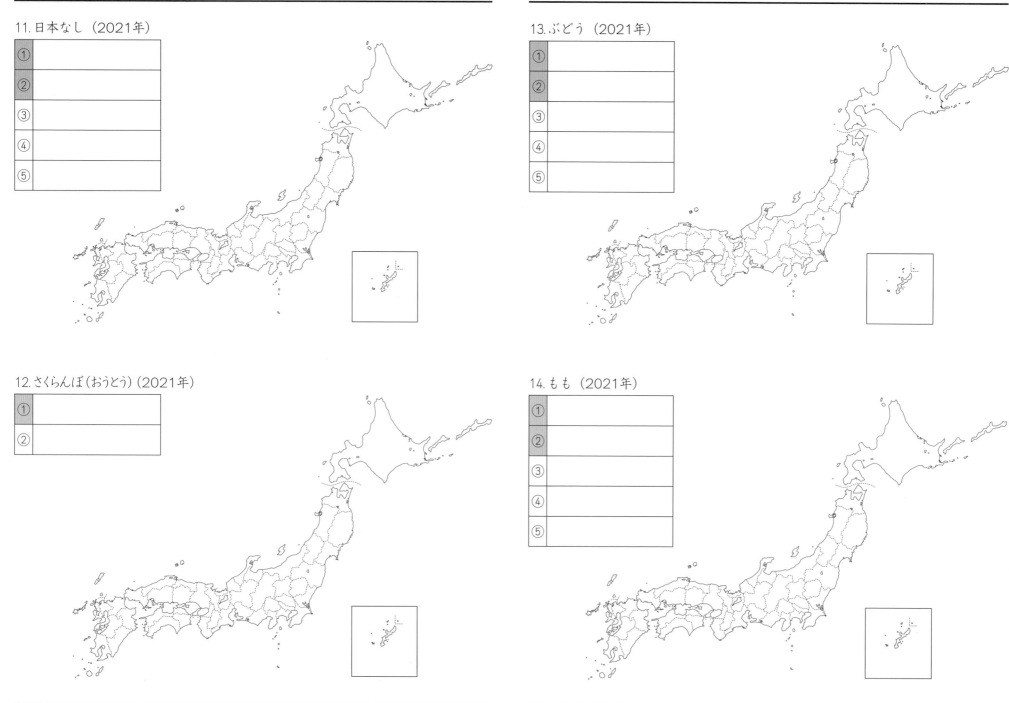

15. い草（2022年）

①	

16. 茶（2021年）

①	
②	
③	
④	

17. たばこ（2010年）

①	
②	
③	
④	
⑤	

18. 乳用牛（2022年）

①	
②	
③	
④	
⑤	

おもな畑作物・畜産(6)

19. 肉用牛 (2022年)

①	
②	
③	
④	
⑤	

21. にわとり (ブロイラー) (2022年)

①	
②	
③	
④	
⑤	

20. ぶた (2022年)

①	
②	
③	
④	
⑤	

22. 採卵鶏 (2022年)

①	
②	
③	
④	
⑤	

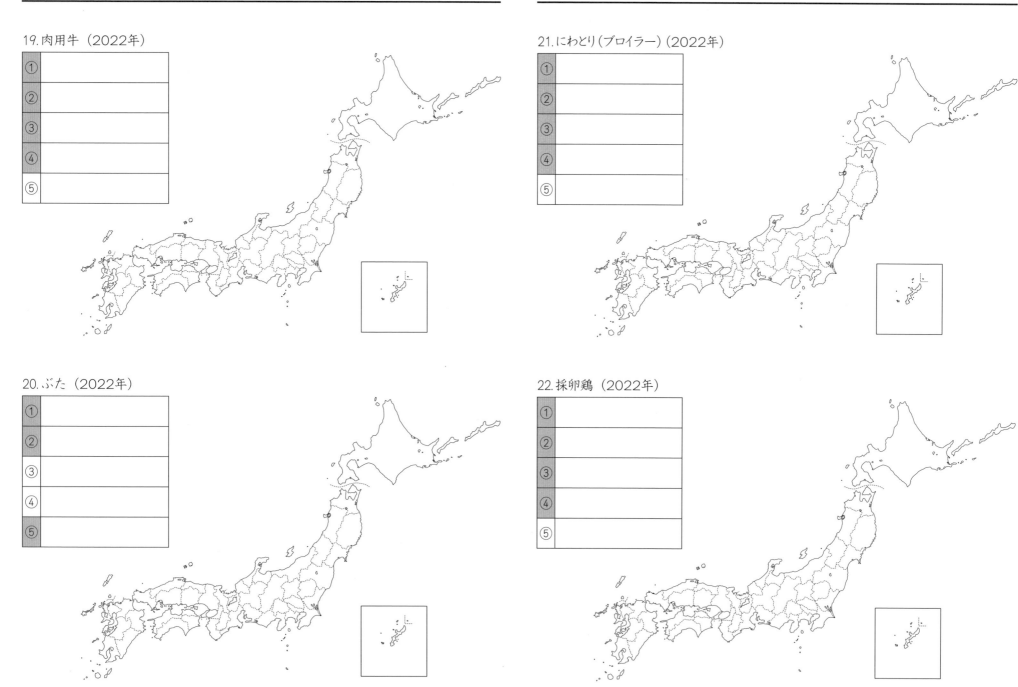

土地改良

(1)次の地図中の①〜⑫の土地改良の行われた地域を答え、改良内容をあとの語群から選んで答えなさい。

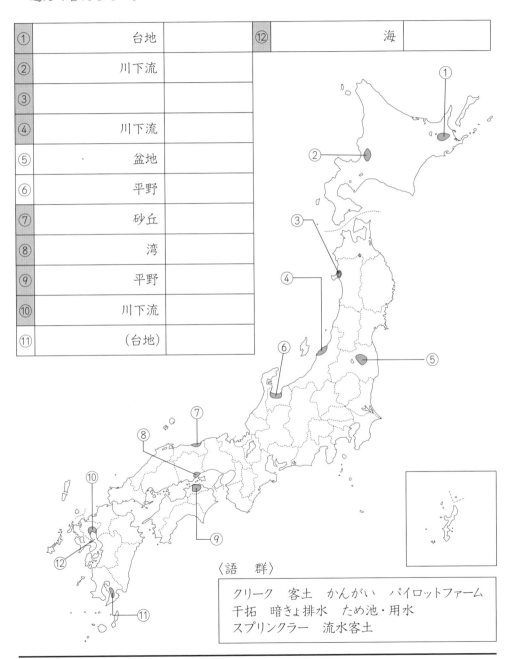

①		台地		⑫	海
②		川下流			
③					
④		川下流			
⑤		盆地			
⑥		平野			
⑦		砂丘			
⑧		湾			
⑨		平野			
⑩		川下流			
⑪		（台地）			

〈語 群〉

クリーク　客土　かんがい　パイロットファーム
干拓　暗きょ排水　ため池・用水
スプリンクラー　流水客土

用水

(1)次の地図中の①〜⑩の用水路の名前と取水地・かんがい地域を答えなさい。

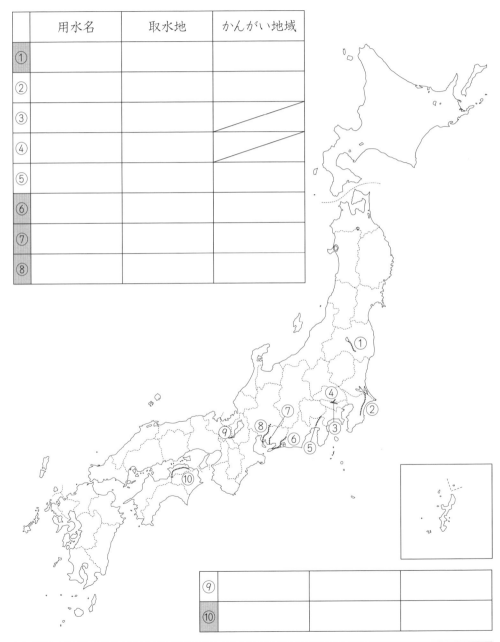

	用水名	取水地	かんがい地域
①			
②			
③			
④			
⑤			
⑥			
⑦			
⑧			

⑨			
⑩			

日本の農業の特色

1. 次のグラフを統計資料を参考にして完成させ、それぞれの空らんにあてはまる語句を答えなさい。

(1)日本の国土の土地利用の割合

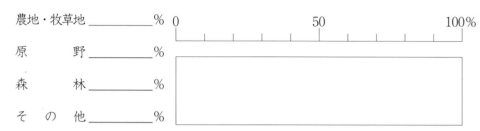

農地・牧草地＿＿＿＿＿％

原　　　野＿＿＿＿＿％

森　　　林＿＿＿＿＿％

そ　の　他＿＿＿＿＿％

①耕地面積は約(①　　　　　　　　)万ha。農家一戸あたりの耕地面積は

　(②　　　　　　　　)haとせまい。

②耕地がせまいことから、多くの人手をかけ、たくさんの肥料を使って、収かくを

　増やす(③　　　　　　　　)農業も行われている。

(2)主業農家と準主業農家の割合

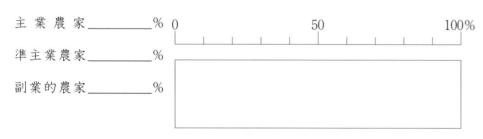

主 業 農 家＿＿＿＿＿％

準主業農家＿＿＿＿＿％

副業的農家＿＿＿＿＿％

①主業農家とは、④＿＿＿＿＿＿＿＿＿＿＿＿＿＿＿農家のこと。

②準主業農家とは、⑤＿＿＿＿＿＿＿＿＿＿＿＿＿農家のこと。

　※副業的農家とは、65歳未満の農業従事60日以上の者がいない農家のこと。

(3)おもな農作物の産出額のうつりかわり　下の語群から、次のグラフの①～⑤にあてはまるものを選んで、書き入れなさい。

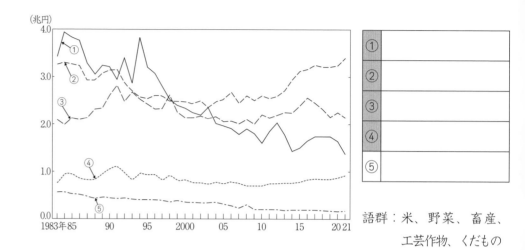

①	
②	
③	
④	
⑤	

語群：米、野菜、畜産、工芸作物、くだもの

(4)日本の食料自給率　下の語群から、次のグラフの①～④にあてはまるものを選んで、書き入れなさい。

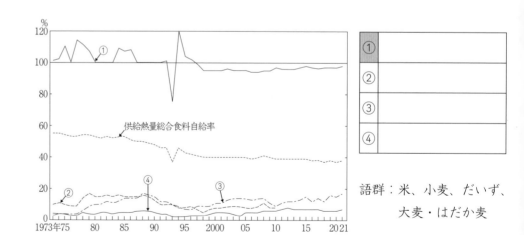

①	
②	
③	
④	

語群：米、小麦、だいず、大麦・はだか麦

農業・水産業のまとめ

(1) おもな農作物の都道府県別順位(　　　　年)

空らんにあてはまる都道府県名を統計資料を参照して書き入れなさい。

農産物名	1 位	2 位	3 位
米			
小　麦			
大　麦			
さつまいも			
じゃがいも			
だ い ず			
だいこん			
キャベツ			
はくさい			
レ タ ス			
ト マ ト			
ピーマン			
な　す			
たまねぎ			
きゅうり			
い ち ご			
す い か			
み か ん			
り ん ご			
ぶ ど う			
も　も			
日本なし			

農産物名	1 位	2 位	3 位
茶			
こんにゃくいも			
い　草			
た ば こ			
乳用牛			
肉用牛			
ぶ　た			
にわとり (ブロイラー)			
採 卵 鶏 (たまご)			

(2) おもな養殖の都道府県別順位(　　　　年)

空らんにあてはまる都道府県名を統計資料を参照して書き入れなさい。

養　殖	1 位	2 位
ぶ り 類		
の　り		
真　珠		
ほたて貝		
か　き		
う な ぎ		

(3) 輸入水産物の順位(　　　　年)

1位		2位		3位		4位	
5位							

(4) 世界の漁獲量の国別順位(　　　　年)

1位		2位		3位		4位	
5位							

日本の森林

◎次の各文の下線部にあてはまる語句を答えなさい。

(1)日本の森林資源

①わが国は国土の約 ＿＿＿＿＿＿分の＿＿＿＿＿が森林で、樹木の種類も多い。

②木の種類は、＿＿＿＿＿＿(すぎ、ひのき、まつなど)と＿＿＿＿＿＿

　(なら、ぶな、くぬぎ、など)とに分けられる。

③木材は＿＿＿＿＿材、＿＿＿＿＿や＿＿＿＿＿の原料となる。

④現在は、国内消費量の約＿＿＿＿＿％を輸入にたよっている。

　※主な輸入先：＿＿＿＿＿，＿＿＿＿＿，＿＿＿＿＿

(2)森林のはたらき

①植物は＿＿＿＿＿をつくり出すので＿＿＿＿＿をきれいにする。

②動物の＿＿＿＿＿となる。

③＿＿＿＿＿やハイキングなど、人々のレクリエーションの場になる。

④雨を地下水としてたくわえ、少しずつ川に流しているため、＿＿＿＿＿や土砂

　くずれなどをふせぐ。→「＿＿＿＿＿のダム」といわれる。

(3)三大美林：地図中の①～⑧にあてはまる地域名と美林の名前を答えなさい。

〈天然の三大美林〉

①	の
②	の
③	の

〈人工の三大美林〉

④	の
⑤	の
⑥	の

〈その他の美林〉

⑦	の
⑧	の

えぞまつ
とどまつ

漁業の種類

(1)下のグラフの折れ線①・②・③が、それぞれ何漁業をしめしているか答えなさい。
また、②の漁業が減少した理由を答えなさい。

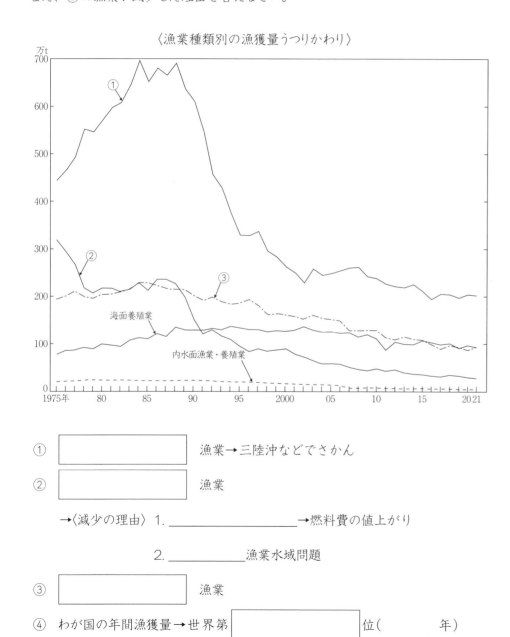

〈漁業種類別の漁獲量うつりかわり〉

①　□□□　漁業→三陸沖などでさかん

②　□□□　漁業

　→〈減少の理由〉1. ＿＿＿＿＿＿＿＿→燃料費の値上がり

　　　　　　　　2. ＿＿＿＿＿漁業水域問題

③　□□□　漁業

④　わが国の年間漁獲量→世界第　□□□　位(　　　年)

おもな漁港

(1)地図中の①〜⑪の漁港名を答えなさい。

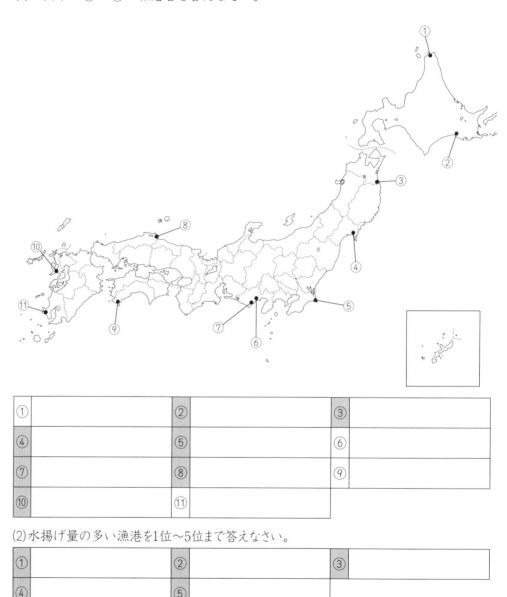

①		②		③	
④		⑤		⑥	
⑦		⑧		⑨	
⑩		⑪			

(2)水揚げ量の多い漁港を1位〜5位まで答えなさい。

①		②		③	
④		⑤			

いろいろな漁法・世界の漁場

(1)下のア〜エの漁法名を記入しなさい。

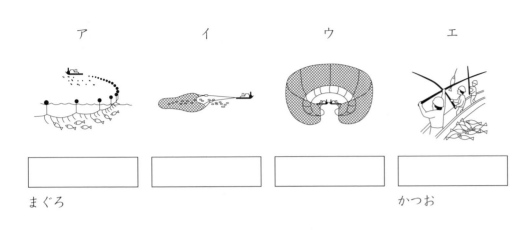

ア　　　　イ　　　　ウ　　　　エ

まぐろ　　　　　　　　　　　　かつお

(2)下の①・②の漁場でとれる魚と漁場名を下の空らんに記入しなさい。

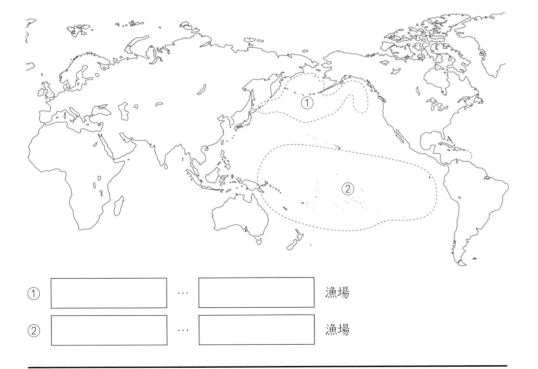

① [　　　] … [　　　] 漁場

② [　　　] … [　　　] 漁場

育てる漁業

(1)下の文章を読み、あてはまる語句を右の空らんに書きなさい。

① 水産物の卵を人工的にふ化させたり、小魚をとって
きて大きくなるまで人の手で育てる漁法。
→ [　　　] 漁業

② 水産物の卵を人工的にふ化させて、ある程度まで育てた
あと、川や海に放流し、海で大きくなったものをとる
漁法。
→ [　　　] 漁業

(2)地図中の①〜⑫の地名と養殖されている水産物を
答えなさい。また、グラフのA・Bにあてはまる水産物を
答えなさい。

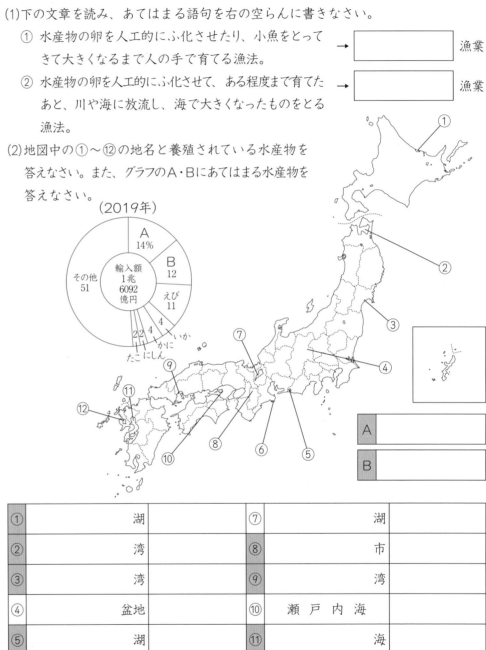

（2019年）

その他 51
輸入額 1兆6092億円
A 14%
B 12
えび 11
4 いか
4 かに
2 2 たこ にしん

A [　　　]

B [　　　]

①		湖		⑦		湖	
②		湾		⑧		市	
③		湾		⑨		湾	
④		盆地		⑩	瀬 戸 内 海		
⑤		湖		⑪		海	
⑥		半島		⑫		湾	

わが国の工業原料（1）

1. わが国の工業原料

(1)統計資料を参考にし下の輸入相手国割合の帯グラフと輸入割合の円グラフを完成させ、さらに下線部にも、てきとうな語句を記入しなさい。

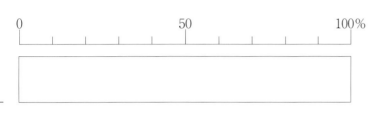

① _____

（タンカーで輸入）

日本での産地…_____県 ⎫
_____県 ⎬ 日本海側中心

② _____

（黒いダイヤ）

日本での産地…_____
→（釧路炭田）

③ _____

（鉄の原料）

④ _____

（電線の原料）

日本での産地…_____県

⑤ _____

（公害を出さないエネルギー）

日本での産地…_____県
_____県
→（　　　　　）を利用
しての輸送

⑥ _____

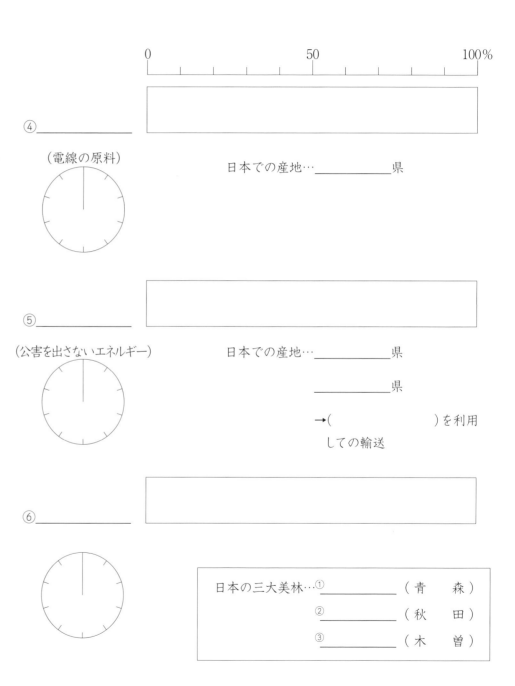

日本の三大美林…① _____（青　森）
② _____（秋　田）
③ _____（木　曽）

わが国の工業原料（2）

(2)次のものは、わが国が100％輸入にたよっている原料です。あてはまる原料名とおもな輸入相手国を記入しなさい。

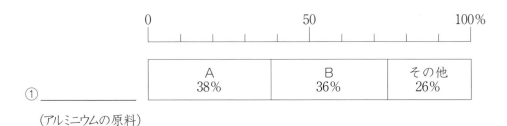

0　　　　　　　50　　　　　　100％

| A 38% | B 36% | その他 26% |

① ＿＿＿＿＿＿＿＿＿

（アルミニウムの原料）

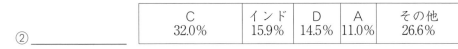

| C 32.0% | インド 15.9% | D 14.5% | A 11.0% | その他 26.6% |

② ＿＿＿＿＿＿＿＿＿

（綿織物の原料）

（台湾）

| E 43.3% | ニュージーランド 16.1% | A 15.1% | 10.2% | その他 15.3% |

③ ＿＿＿＿＿＿＿＿＿

（毛織物の原料）

その他 3.3%

| B 68.5% | F 28.2% | |

④ ＿＿＿＿＿＿＿＿＿

（ゴムの原料）

A ＿＿＿＿＿＿＿　　　B ＿＿＿＿＿＿＿　　　C ＿＿＿＿＿＿＿

D ＿＿＿＿＿＿＿　　　E ＿＿＿＿＿＿＿　　　F ＿＿＿＿＿＿＿

(3)次のものは、わが国で100％自給できるものです。空らんにあてはまる語句を記入しなさい。

① ＿＿＿＿＿＿＿＿＿＿…産地　＿＿＿＿＿＿＿＿＿県の＿＿＿＿＿＿＿＿

（セメントの原料）　　　　　　　　　　　　　→（カルスト地形）

② ＿＿＿＿＿＿＿＿＿

（火薬・マッチなどの原料）

―まとめ―

　わが国で100％

　自給できるもの ＿＿＿＿＿＿＿＿ ・ ＿＿＿＿＿＿＿＿ など

〈参考〉

① ＿＿＿＿＿＿＿＿峠（かつてのわが国のウラン産出地）

② 鹿児島県 ＿＿＿＿＿＿＿＿市（石油備蓄基地）

③ 青森県 ＿＿＿＿＿＿＿＿村（原子燃料リサイクル施設）

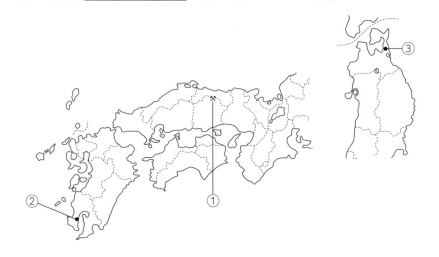

1. 鉄鋼業

(1)下の空らんにあてはまる語句・都市名を答えなさい。

〈特色〉①生産高：世界第 [　　　　　] 位

②輸出高：世界第 [　　　　　] 位

③原料の輸入、製品の運送・輸出、工業用地・用水の確保のために

[　　　　　] 部に立地している。

①		⑨	
②		⑩	
③		⑪	
④		⑫	
⑤		⑬	
⑥			
⑦			
⑧			

2. 自動車工業

(1)下の空らんにあてはまる語句・都市名を答えなさい。

〈特色〉①生産台数　世界第 [　　　　　] 位

②日本の経済を支える基幹産業の一つとして、重要な役割をしめている。

③原料・部品の多くが国内で手に入るため、[　　　　　] 部に

多く立地している。

④1980年代には [　　　　　] 問題がおき、輸出の自主規制

を行った。

①		⑦	
②		⑧	
③		⑨	
④		⑩	
⑤		⑪	町
⑥			

〈主な工業都市〉

3. 造船業

(1)下の空らんにあてはまる語句・都市名を答えなさい。

　　〈特色〉①受注量　世界第 [　　　　] 位

　　　　　②沿岸部に多く、特に [　　　　] 沿岸に工業都市が多い。

①		⑧	
②		⑨	
③		⑩	
④		⑪	
⑤		⑫	
⑥		⑬	
⑦			

〈主な工業都市〉

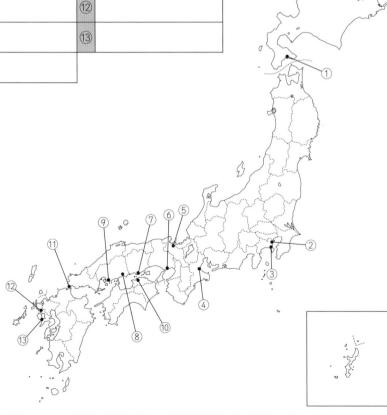

4. 石油化学工業

(1)下の空らんにあてはまる語句・都市名を答えなさい。

　　〈特色〉①戦後新しく生まれた工業で、現在化学工業の中心となっている。

　　　　　② [　　　　] を利用 →「プラスチック」「合成ゴム」「合成せんい」

　　　　　「薬品」などへ。

　　　　　③広い工業団地を必要とし、原料を輸入にたよっていることから

　　　　　[　　　　] 部に立地している。　　　〈主な工業都市〉

　　　　　④ [　　　　] が各地にある。

　　　　　└─原料などに関係の深い工場の集まり

①		⑥	
②		⑦	
③		⑧	
④		⑨	
⑤		⑩	

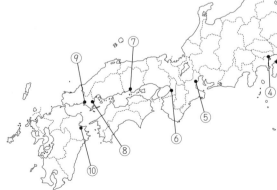

5. 製紙・パルプ工業

(1)下の空らんにあてはまる語句・都市名を答えなさい。

〈特色〉①原料の木材と水が豊富なところに立地している。

②近年は、原料を輸入に頼る割合が高くなっている。

	、	、	などの

国からおもにパルプを輸入している。

〈主な工業都市〉

①		⑥	
②		⑦	
③		⑧	
④		⑨	
⑤		⑩	

6. よう業(陶磁器、セメント)

(1)下の空らんにあてはまる語句・都市名を答えなさい。

〈特色〉①原料の [ ] が産出する地域に多く立地している。

②よう業は、土や石を焼いたり、とかしたりして製品をつくる工業で、

セメント・ガラス・陶磁器工業などがある。

〈陶磁器の県別出荷割合〉

その他 59.3
A 27.1%
2007年
B 13.6

A	
B	

〈セメント工業の主な工業都市〉

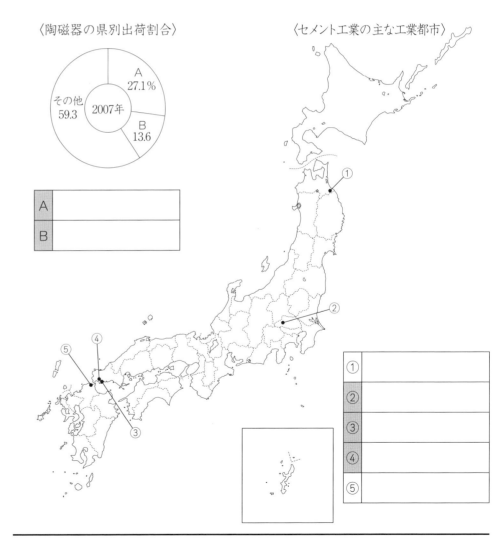

①	
②	
③	
④	
⑤	

7. IC(集積回路)工業

(1)下の空らんにあてはまる語句を答えなさい。

〈特色〉①小型・軽量で高価なため、［　　　　　　　］などを使った輸送が多い。

②空気がきれいな地方の［　　　　　　　］周辺に工場が多い。

③新しい［　　　　　　　］ともいわれている。

〈主な工場〉

④九州地方は、工場も多く、

［　　　　　　　］とよばれている。

⑤関東北部から東北南部にかけて

［　　　　　　　］とよばれている。

8. 伝統工業

(1)下の空らんにあてはまる都市名を答えなさい。

①	
②	
③	
④	
⑤	
⑥	
⑦	
⑧	
⑨	
⑩	

①津軽塗
③春慶塗
④将棋の駒
⑥洋食器
⑦刃物
⑩しっ器
⑪薬
②南部鉄器
⑤こけし
⑧しょう油
⑨しょう油
⑫飛騨春慶塗
⑬筆
⑭和紙
⑮タオル
⑯人形

⑪	
⑫	
⑬	
⑭	
⑮	
⑯	

9. 伝統工芸品(陶磁器)

(1)次の各都市の伝統工芸品を記入しなさい。

①		焼	(益子町)
②		焼	(多治見市)
③		焼	(瀬戸市)
④		焼	(金沢市)
⑤		焼	(甲賀市)
⑥		焼	(京都市)
⑦		焼	(伊万里市)
⑧		焼	(有田町)
⑨		焼	(四日市市)

10. 伝統工芸品(織物)

(1)次の各都市の伝統工芸品を記入しなさい。

①		(結城)
②		(小千谷)
③		(金沢)
④		(京都)
⑤		(久留米)
⑥		(大島)

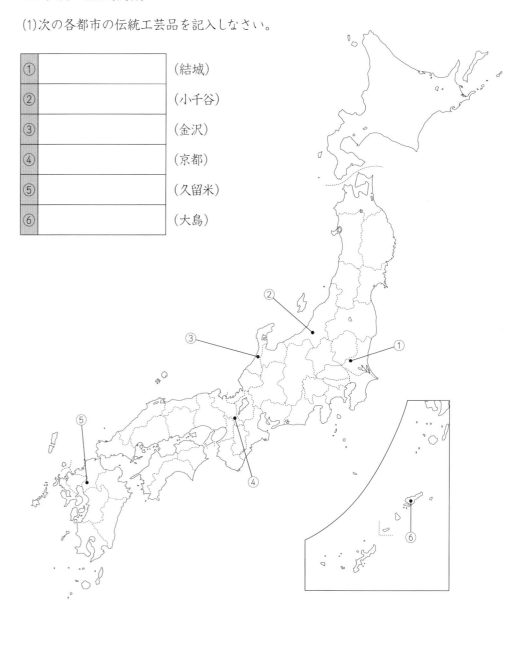

三大(四大)工業地帯(1)

1. 三大(四大)工業地帯について、空らんにあてはまる語句や数字を答えなさい。

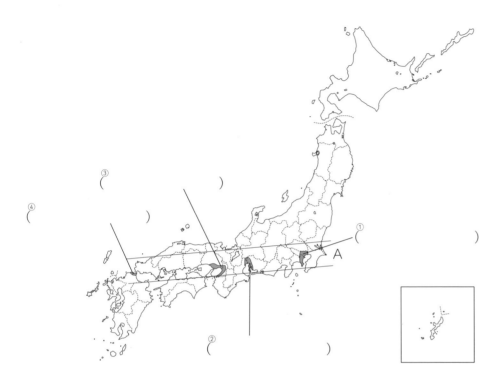

Aの地域は＿＿＿＿＿＿＿＿＿＿＿とよばれている。

※統計資料を参考にして、下のグラフを完成させなさい。

〈工業製品生産(出荷額)における三大工業地帯の割合〉

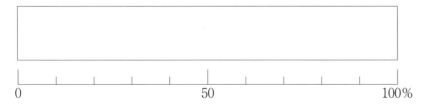

(1)＿＿＿＿＿＿工業地帯(東京～横浜中心)

①成り立ち：大消費地をひかえ、資本と＿＿＿＿＿＿力が得やすい。

②生産高：日本第＿＿＿＿＿＿位。

③特　色：＿＿＿＿＿＿工業のしめる割合が高い。

＿＿＿＿＿＿業や製本業がさかん。

④主な工業都市：㋐ ＿＿＿＿＿＿(自動車・造船)、

㋑ ＿＿＿＿＿＿(石油精製・自動車)、

㋒ ＿＿＿＿＿＿(自動車・電気・機械)、

㋓ ＿＿＿＿＿＿(石油化学・鉄鋼・自動車)、

㋔東京都中央部(　　　　　)が日本一。

(2)＿＿＿＿＿＿工業地帯(愛知県・三重県中心)

①成り立ち：古くから＿＿＿＿＿＿工業が発達していた。＿＿＿＿＿＿高地の

電力と工業用水にめぐまれ、＿＿＿＿＿＿湾沿岸に埋立地が広がる。

②生産高：日本第＿＿＿＿＿＿位。

③特　色：重化学工業中心で、＿＿＿＿＿＿工業のしめる割合が特に高い。

＿＿＿＿＿＿工業(毛織物中心)や＿＿＿＿＿＿などのよう業もさかん。

④主な工業都市：㋐ ＿＿＿＿＿＿(石油化学)、

㋑ ＿＿＿＿＿＿(鉄鋼)、

㋒ ＿＿＿＿＿＿(自動車)、

㋓ ＿＿＿＿＿＿・㋔ ＿＿＿＿＿＿(陶磁器)、

㋕ ＿＿＿＿＿＿(毛織物)。

三大(四大)工業地帯(2)

(3)_____工業地帯(大阪～神戸中心)

  ①成り立ち：江戸時代から「_____」としてさかえる。琵琶湖を水源とする
              _____川から工業用水を得る。

  ②生産高：日本第_____位。

  ③特　　色：機械・金属工業を中心とした総合工業地帯。
              古くから_____工業がさかん。
              内陸地区には機械・せんい・雑貨などの
              _____工場が多い。

  ④主な工業都市：㋐_____、
           （金属・機械・化学・出版印刷）、
          ㋑_____（石油化学）、
          ㋒泉大津・岸和田・貝塚（_____）、
          ㋓門真（_____）、㋔_____（鉄鋼）、
          ㋕_____（金属・機械・化学）、㋖_____（機械・造船・
          食料品・電気）。

(4)_____工業地帯(北九州市洞海湾沿岸中心)

  ①成り立ち：_____炭田を背景に、明治時代に官営の_____が建設
            され、鉄鋼業を中心に発達した。

  ②生産高：工業用地のせまさや鉄鋼業の伸び悩みなどで、その地位は低下している。

  ③特　　色：大工場が多く、_____・_____工業の割合が多い。

  ④主な工業都市：㋐_____（鉄鋼）、㋑_____（ゴム工業）、
          ㋒_____（石油化学）など。

2. 統計資料を参考にして、おもな工業地帯・地域の工業製品生産(出荷額)の割合の
グラフを下のはんれいにしたがって完成させなさい。

京　浜	
中　京	
阪　神	
関東内陸	
京　葉	
東　海	
北　陸	
瀬戸内	
北九州	

0　　　　　　　　　50　　　　　　　　　100%

〔金属：赤、機械：緑、化学：黄、食品：紫、せんい：青、その他：白〕

(1)地図を見て、各文の空らんにあてはまる語句を答えなさい。

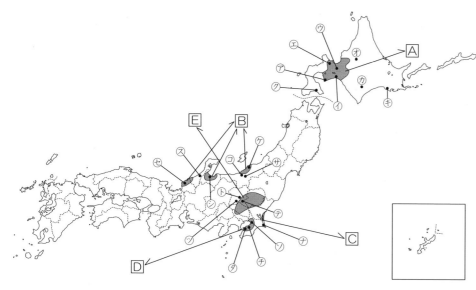

A. ＿＿＿＿＿＿＿＿＿＿＿工業地域

①特色：豊かな地元の原料を利用。

②主な工業都市：㋐＿＿＿＿＿＿(鉄鋼)、㋑＿＿＿＿＿＿(製紙・パルプ、製油→

＿＿＿＿＿＿港がある)、㋒札幌(　　　・　　　)、

㋓小樽(　　　　)、㋔旭川(　　　　　)、

㋕帯広(　　　　)、㋖釧路(　　　・　　　)、

㋗＿＿＿＿＿＿(水産加工・造船)。

B. ＿＿＿＿＿＿＿＿＿＿＿工業地域

①特色：古くから＿＿＿＿＿工業が発達していた。＿＿＿＿＿高地の豊かな

電力・用水や、新潟県で産出される＿＿＿＿・＿＿＿＿を活用して

金属・＿＿＿＿工業がおこった。

②主な工業都市：㋘新潟(　　　　　)、㋙燕(　　　　　)、

㋚三条(　　　　)、㋛富山(　　　　)、

㋜金沢(　　　　)、㋝福井(　　　　)。

新潟・富山には新しく港がつくられた。

C. ＿＿＿＿＿＿＿＿＿＿＿工業地域(工業整備特別地域)

①特色：砂丘海岸に、Y字型の＿＿＿＿＿港をつくって開発した。

②主な工業：＿＿＿＿＿浦の水を利用して、＿＿＿＿・鉄鋼の＿＿＿＿が

建設された。

D. ＿＿＿＿＿＿＿＿＿＿＿工業地域(東京湾の東側)

①特色：＿＿＿＿・＿＿＿＿工業の割合が高い。

②主な工業都市：㋞＿＿＿＿・㋟＿＿＿＿(鉄鋼)、袖ケ浦(石油化学・製油)、

㋠＿＿＿＿(石油化学・製油)。

E. ＿＿＿＿＿＿＿＿＿＿＿工業地域

①特色：日本の代表的な＿＿＿＿＿地帯で、絹織物の生産が発達していた。

現在では＿＿＿＿＿工業がさかん。

②主な工業都市：前橋・高崎・㋡富岡(　　　　)、㋢太田(　　　　)、

桐生・足利・㋣伊勢崎(　　　　)、野田・㋤銚子(　　　　)。

(2)地図を見て各文の下線部にあてはまる語句、(　　　　　)には工業名を答えなさい。

A. _____の工業(長野県中心)

①特色：すんだ空気・乾そうした気候・豊かな水を利用して、_____湖の

　　　周辺に発達。

②主な工業都市：岡谷・諏訪 (　　　　　　　)⇨かつて製糸業がさかん。

B. _____工業地域(静岡県中心)

①特色：二大工業地帯(_____と_____)にはさまれ、交通の便がよい。

　　　_____に近く、豊かな電力・用水に恵まれる。

　　　製紙・パルプ工業やアルミニウム工業がおこなわれている。

②主な工業都市：⑦富士・富士宮(　　　　　　　)⇨田子ノ浦の「ヘドロ」公害、

　　　④静岡(蒲原) (　　　　　　　)、⑦静岡(清水) (　　　　　)、

　　　⑤静岡(　　　　・　　　　)、⑦浜松(　　　　・　　　　)。

C. _____工業地域

①特色：交通の便がよく、埋め立てなどで工場用地が得やすかった。

　　　工業都市が点在しており、重化学工業を中心に発達。

②主な工業都市：⑦倉敷(_____地区に鉄鋼・石油化学の_____が

　　　発達)。

　　　呉・玉野・坂出(　　　　　　)、④府中町(　　　　　)、

　　　⑦岩国・⑤周南(　　　　　　)、⑦宇部・⑦山陽小野田(　　　　　)、

　　　⑤福山(　　　　)、⑦今治(　　　　　)。

D. 九州地方の工業

①特色：古くからやきもの工業がさかん(_____、伊万里焼、唐津焼)。

　　　現在、IC工場が多く生産がさかん⇨_____とよばれる。

②主な工業都市：⑦_____(　　　　・　　　　　　　)、

　　　④延岡(　　　　　)、⑦日南(　　　　　)、

　　　⑤_____(化学肥料)⇨_____病の発生、

　　　⑦_____(石油備蓄基地)、八代(　　　　　)、

　　　⑦長崎・⑤佐世保(　　　　)、熊本(　　　　　)。

大工場と中小工場・日本の電力

1. 大工場と中小工場

(1)次のグラフを統計資料を参考にして完成させなさい。

〈大工場と中小工場の割合〉

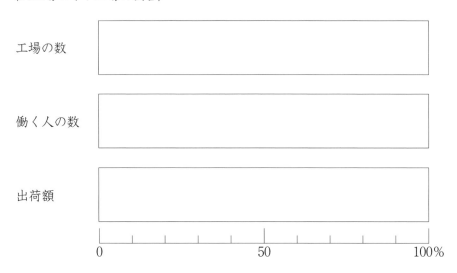

工場の数

働く人の数

出荷額

0　　　　　　　50　　　　　　100%

2. 日本の電力

(1)帯グラフの一番新しい年の割合を入れてグラフを完成させなさい。
　また、グラフの①②③と下の空所にもあてはまる語句を記入しなさい。

〈発電のエネルギー源の変化〉

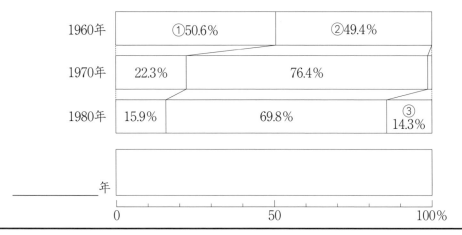

1960年	①50.6%	②49.4%
1970年	22.3%	76.4%
1980年	15.9%	69.8%	③14.3%

_____年

0　　　　　　　50　　　　　　100%

①_____発電　　②_____発電

③_____発電→第三の火

〈③の発電所の分布〉

⑦_____県の_____村(日本最初の原子力研究所)

①_____湾沿岸→_____銀座

⑦_____県沿岸

④ きれいなエネルギー_____発電(くじゅう連山)

_____発電

_____発電 など

※2011年3月11日の東日本大震災による福島第一原子力発電所の事故の影響により運転停止となっているものも含む(2019年3月現在)。

全国の工業都市のまとめ（1）

(1) 表の空らんにあてはまる工業都市名を、地図帳を参照して書き入れなさい。

石油化学コンビナート

関 東 地 方	茨 城 県 （　　　　　　　　）	千 葉 県 （　　　　　　　　）	神 奈 川 県 （　　　　　　　　）
近 畿 地 方	三 重 県 （　　　　　　　　）	大 阪 府 （　　　　　　　　）	
中 国 地 方	岡 山 県 （　　　　　　　　）	山 口 県 （　　　　　　　　） （　　　　　　　　）	広 島 県 （　　　　　　　　）
九 州 地 方	大 分 県 （　　　　　　　　）		

鉄鋼業のさかんな都市

北 海 道 地 方	（　　　　　　　　　　）		
関 東 地 方	茨 城 県 （　　　　　　　　）	千 葉 県 （　　　　　　　　） （　　　　　　　　）	神 奈 川 県 （　　　　　　　　）
中 部 地 方	愛 知 県 （　　　　　　　　）		
近 畿 地 方	和 歌 山 県 （　　　　　　　　）	兵 庫 県 （　　　　　　　　）	
中 国 地 方	岡 山 県 （　　　　　　　　）	広 島 県 （　　　　　　）・（　　　　　　　　）	
九 州 地 方	福 岡 県 （　　　　　　　　）	大 分 県 （　　　　　　　　）	

造船業のさかんな都市（　　　　　　）沿岸に集中

北 海 道 地 方	（　　　　　　　　　　）		
関 東 地 方	千 葉 県 （　　　　　　　　）	神 奈 川 県 （　　　　　　）・（　　　　　　　　）	
近 畿 地 方	三 重 県 （　　　　　　　　）	京 都 府 （　　　　　　　　）	兵 庫 県 （　　　　　　　　）
中 国 地 方	岡 山 県 （　　　　　　　　）	広 島 県 （　　　　　　）・（　　　　　　　　）	
四 国 地 方	香 川 県 （　　　　　　　　）	愛 媛 県 （　　　　　　　　）	
九 州 地 方	長 崎 県 （　　　　　　）・（　　　　　　　　）		

製紙・パルプ工業のさかんな都市

北 海 道 地 方	（　　　　　　）・（　　　　　　　）・（　　　　　　　　）		
東 北 地 方	青 森 県 （　　　　　　　　）	秋 田 県 （　　　　　　　　）	
中 部 地 方	静 岡 県 （　　　　　）・（　　　　　　　　）		
そ の 他	愛 媛 県 （　　　　　　　　）	鳥 取 県 （　　　　　　　　）	
	熊 本 県 （　　　　　　　　）	宮 崎 県 （　　　　　　　　）	

(2) 表の空らんにあてはまる工業都市名を地図帳を参照して書き入れなさい。

自動車工業のさかんな都市 … 臨海部から内陸部まで広く分布

北 海 道 地 方	( )市
関 東 地 方	栃木県( )町、群馬県( )市
	埼玉県( )市・( )市・( )町など
	東京都( )市・( )市など
	神奈川県( )市・( )市・( )市・( )市など
中 部 地 方	愛知県( )市・( )市・( )市など
	静岡県( )市・( )市など
近 畿 地 方	三重県( )、大阪府( )市、京都府( )市
中 国 地 方	岡山県( )市、広島県( )市・( )町
	山口県( )市
九 州 地 方	福岡県( )町

電気機械工業のさかんな都市 … 広く全国に分布

東 北 地 方	福島県( )市・( )市
関 東 地 方	茨城県( )市・ひたちなか市、栃木県( )市・( )市
	群馬県( )市・前橋市、埼玉県( )市、東京都小平市・八王子市など、神奈川県厚木市・横浜市・鎌倉市など
近 畿 地 方	大阪府( )市・( )市・( )市など
	滋賀県( )市・野洲市など

その他の工業都市

北 海 道 地 方	①食料品=( )市、②製糖=( )市、③製油=( )市・( )市
東 北 地 方	①食料品=( )市・仙台市など、②製油=( )市
	③伝統工業=( )市(南部鉄器)、( )市(津軽塗)、( )市(春慶塗)、 ( )市(将棋の駒)、( )市(会津塗)、( )市(こけし)
関 東 地 方	①絹織物=( )市・( )市・( )市など、②セメント=( )市
	③しょう油=( )市・( )市
中 部 地 方	①毛織物=( )市、②綿織物=( )市・( )市など
	③洋食器=( )市、④絹織物=( )市・( )市
	⑤オートバイ・楽器=( )市、⑥陶磁器=( )市・( )市など
	⑦製薬=( )市、⑧製油=( )市・( )
近 畿 地 方	①しょう油=( )市、②清酒=( )市、( )市
	③製油=( )市・( )市・( )市など
中 国 ・ 四 国 地 方	①セメント=( )市・( )市、②タオル=( )市
九 州 地 方	①化学肥料=( )市、②化学繊維=( )市、③ゴム=( )市

1. 下の公害に対する苦情のうちわけのグラフ内の①〜④にあてはまる公害の種類名を表に書き入れなさい。

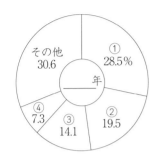

その他 30.6
① 28.5%
____年____
④ 7.3
③ 14.1
② 19.5

①	
②	
③	
④	

2. 次の公害対策に関する文章の下線部にあてはまる語句を書き入れなさい。

(1)政府は公害に対して1967年に①_____法を制定し、環境基準や、国や企業の責任を定めました。その典型7公害として定められているのは、②_____、水質汚だく、土壌汚染、③_____、④_____、⑤_____、悪臭です。また、公害対策や環境保全の中心となる役所として、1971年に⑥_____を設立しました。1993年には新たに⑦_____法を制定し、⑧_____法は廃止されました。

(2)1972年にスウェーデンの⑨_____で開かれた⑩_____会議では、「かけがえのない地球」をスローガンに、世界の国々が、公害や自然環境の保護について話し合いました。

(3)1992年には⑪_____のリオデジャネイロで「⑫_____(環境と開発に関する国連会議)」が開かれ、世界の国々が地球の自然環境の保護について話し合いました。この会議では、環境問題を考える上での基本原則を定めた「リオ宣言」が採択され、これを実行するための実行計画「⑬_____」が採択されました。

3. 地図中のA〜Dの地域でおきた公害病の名前とその原因・起こった地域を答えなさい。また、①〜⑧の事件または公害病の名前を答えなさい。

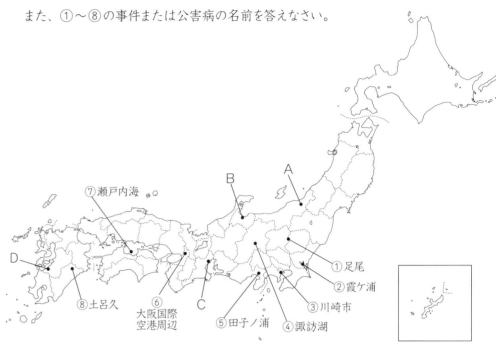

⑦瀬戸内海
B
A
D
①足尾
②霞ケ浦
③川崎市
⑧土呂久
⑥大阪国際空港周辺
C
⑤田子ノ浦
④諏訪湖

〈四大公害〉

	公 害 名	原 因	起こった地域
A			県　　　下流域
B			県　　　流域
C			県　　　市
D			県　　　湾

〈その他の公害〉

①		②		③	
④		⑤		⑥	
⑦		⑧			

1. 自然破壊

(1)次の各文の下線部にあてはまる語句を答えなさい。

① _____雨林の減少：木材をとるほか、開発のための伐採などによって、

急速に減りつつある。

② _____化：開発のための木の伐採や家畜の_____、_____

農業などにより、広がるおそれのある地域も多くなっている。

③ _____化：森林の減少にくわえて、化石燃料(_____・_____)

の使用による二酸化炭素の増加により、地球の気温が少しずつ上昇している。

④ _____：工場や自動車の排出ガスが原因で、森林や農作物を枯らしたり、

湖や川の魚などを死なせたりする。

⑤ _____層の破壊：エアコンや電子部品の洗浄に使われる_____ガス

により、上空の_____層が破壊されており、太陽の紫外線を通しやすく

している。

⑥ _____汚染：工場廃水や、戦争にともなう破壊や石油タンカーの事故による

原油の流出などにより、生態系がくずれるなどの問題も起きている。

2. 環境問題

(1)次の各文の下線部にあてはまる語句を答えなさい。

①自然環境を守るために、開発に先立って環境への影響を調べる_____

を行っている。

②住民がお金を出し合って、自然が残る地域を買い上げて保護しようとする

_____運動がある。和歌山県の天神崎や北海道の_____

半島などが知られている。

③1993年には、_____島(鹿児島県)や_____山地(青森県・秋田県)が

ユネスコの世界遺産に登録された。

(2)次の地図中のA～Cで起きている環境破壊を答えなさい。

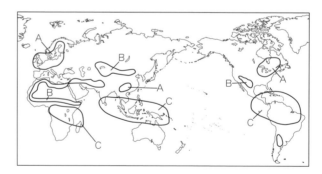

A	
B	
C	

(3)右のマークの名称を答えなさい。

1. 日本の人口

◎ 次の各文の下線部にあてはまる語句・数字を答えなさい。また①～⑩の国名を答えなさい。

　①日本の総人口：約 ＿＿＿＿＿＿人(　　　　　年現在)

　②日本の人口密度：1km²あたり ＿＿＿＿＿＿人(　　　　　年現在)

　③世界の総人口：約 ＿＿＿＿＿＿億人

　※ 人口の多い国々(2018年)

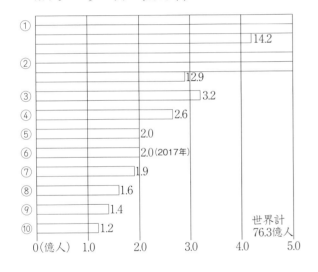

①	
②	
③	
④	
⑤	
⑥	
⑦	
⑧	
⑨	
⑩	

グラフ：
① 14.2
② 12.9
③ 3.2
④ 2.6
⑤ 2.0
⑥ 2.0(2017年)
⑦ 1.9
⑧ 1.6
⑨ 1.4
⑩ 1.2
世界計 76.3億人
0(億人) 1.0 2.0 3.0 4.0 5.0

2. 人口の分布

◎ 次の各文の下線部にあてはまる語句・数字を答えなさい。

　①人口の多い地域：関東・東海・近畿・瀬戸内・北九州の¹＿＿＿＿＿に集中

　　しており、特に²＿＿＿＿＿・³＿＿＿＿＿・⁴＿＿＿＿＿

　　を中心とする3大都市圏への集中が著しい。

　　※東京の人口：約⁵＿＿＿＿＿人

---

②百万都市：下の図の中の①～㉑の都市のうち、人口百万以上の都市名と番号を解答らんに書きなさい。

都 市 名	番号	都 市 名	番号	都 市 名	番号

③政令指定都市：人口50万以上の都市で、政令によって指定された都市。

　・上の地図中の①～③、⑤～㉑の都市名を答えなさい。

①		②		③	
⑤		⑥		⑦	
⑧		⑨		⑩	
⑪		⑫		⑬	
⑭		⑮		⑯	
⑰		⑱		⑲	
⑳		㉑			

④人口の少ない地域：＿＿＿＿＿＿地方や南九州などの地域

　　※人口の最も少ない都道府県：＿＿＿＿＿

⑤大都市では、住宅難や交通難、公害など＿＿＿＿＿＿(人口が集中する)による問題が

　　生じている。一方、人口の減っている農村の中には、＿＿＿＿＿＿による問題が

　　生じている。

　　※人口の最も多い都道府県：＿＿＿＿＿(約＿＿＿＿＿万人)

3. 産業別人口の割合

※ 次のグラフを統計資料を参考にして完成させなさい。

	[第1次産業]	[第2次産業]	[第3次産業]
1960年 (約4436万人)	30.2%	28.0%	41.8%

↓

＿＿＿＿＿年

(約＿＿＿＿＿万人)

※次のそれぞれにあてはまる産業名を答えなさい。

　　◎第１次産業：＿＿＿＿＿＿＿＿＿＿＿＿＿

　　◎第２次産業：＿＿＿＿＿＿＿＿＿＿＿＿＿

　　◎第３次産業：＿＿＿＿＿＿＿＿＿＿＿＿＿

4. 人口のふえ方

①医学の進歩などにより、死亡率がへり、平均寿命は世界有数となった。

　　(男：＿＿＿＿＿歳、女：＿＿＿＿＿歳)

②近年は＿＿＿＿＿率の低下により、人口増加率はへっている。

③年齢別人口は、全人口に対する65歳以上の割合がふえており、＿＿＿＿＿社会と

　　なりつつある。

　　※人口構成：＿＿＿＿＿型→＿＿＿＿＿型→＿＿＿＿＿型へ

◎次の図を統計資料を参考にして完成させなさい。

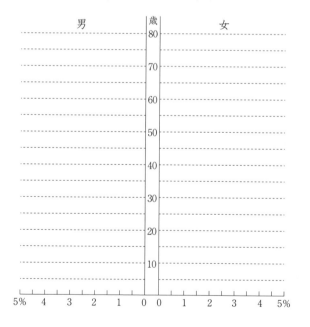

日本の人口ピラミッド

(1)次のグラフは、国内輸送の割合の変化を示したものです。ア〜エにあてはまるものを
語群から選んで、答えなさい。

貨物輸送 (1965年度＝1863億トンキロ) 旅客輸送 (1965年度＝ 3825億人キロ)
2020年度＝3860億トンキロ 2020年度＝1兆657億人キロ

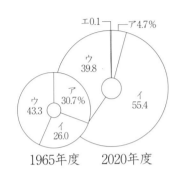

1965年度　2020年度

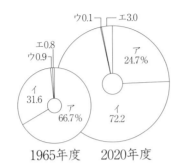

1965年度　2020年度

〈語群〉

航空機

船　舶

鉄　道

自動車

ア	イ	ウ	エ

(2)次の文の下線部にあてはまる語句を答えなさい。

①＿＿＿＿＿＿輸送は一度に多くの人や物資を正確な時間で運べる。

②＿＿＿＿＿＿輸送は高速道路や道路が整備されたことによって発達した。

　最近は＿＿＿＿＿＿(物を送り主から送り先へ直接運ぶ)や保冷車を使用した

　＿＿＿＿＿＿のしくみなどが発達している。

③＿＿＿＿＿＿輸送は一度に大量の物資を安い運賃で運べる。＿＿＿＿＿＿(自動車

や乗客を積み荷ごと運ぶ)や＿＿＿＿＿＿船・＿＿＿＿＿＿(石油などを運ぶ)など

が使用される。

④＿＿＿＿＿＿輸送は短時間で運べるが運賃が高い。近年は＿＿＿＿＿＿などの

高値で小型・軽量の工業製品や生鮮食料品の輸送が増えている。

(3)地図中の①〜⑩の新幹線名、㋐〜㋔のルート名・トンネル名、
　Ⓐ〜Ⓔの空港名をそれぞれ答えなさい。

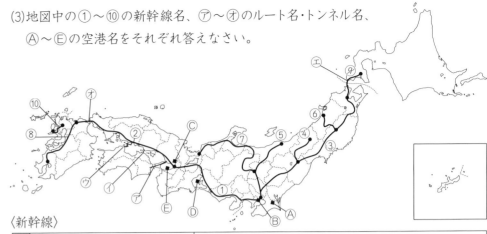

〈新幹線〉

①	新幹線	起点	駅→終点	駅
②	新幹線		駅→	駅
③	新幹線		駅→	駅
④	新幹線		駅→	駅
⑤	新幹線		駅→	駅
⑥	新幹線		駅→	駅
⑦	新幹線		駅→	駅
⑧	新幹線		駅→	駅
⑨	新幹線		駅→	駅
⑩	新幹線		駅→	駅

〈本州四国連絡橋・海底トンネル〉

㋐	ルート
㋑	ルート
㋒	ルート
㋓	トンネル
㋔	トンネル

〈空　港〉

Ⓐ	国際空港
Ⓑ	国際空港 (羽田空港)
Ⓒ	国際空港 (伊丹空港)
Ⓓ	国際空港
Ⓔ	国際空港─────

アジアのハブ空港をめざす◀

(4)地図中の①~⑭にあてはまる鉄道線名とそれぞれの駅名を答えなさい。

①		本線
②		本線
③		本線
④		本線
⑤		本線
⑥		本線
⑦		本線
⑧		本線
⑨		本線

⑩		本線
⑪		線
⑫		線
⑬		本線
⑭		本線

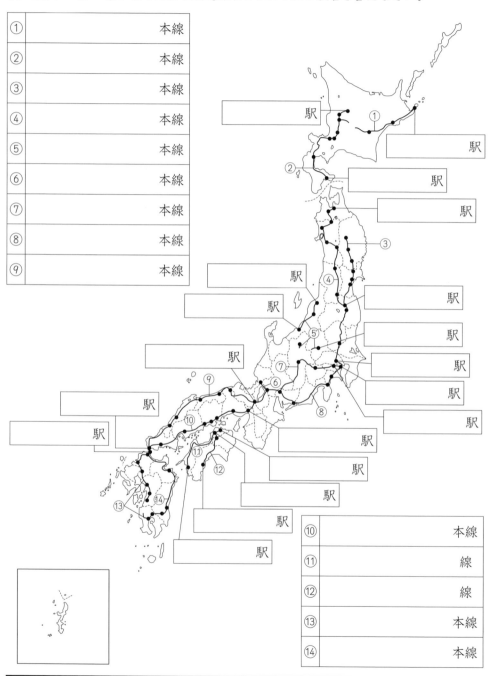

(5)地図帳(p.84)を参考にして地図中の①~⑪・A~Jにあてはまる高速道路名と都市名を答えなさい。

①		自動車道
②		自動車道
③		自動車道
④		自動車道
⑤		自動車道
⑥		高速道路
⑦		自動車道
⑧		高速道路
⑨		自動車道
⑩		自動車道
⑪		高速道路

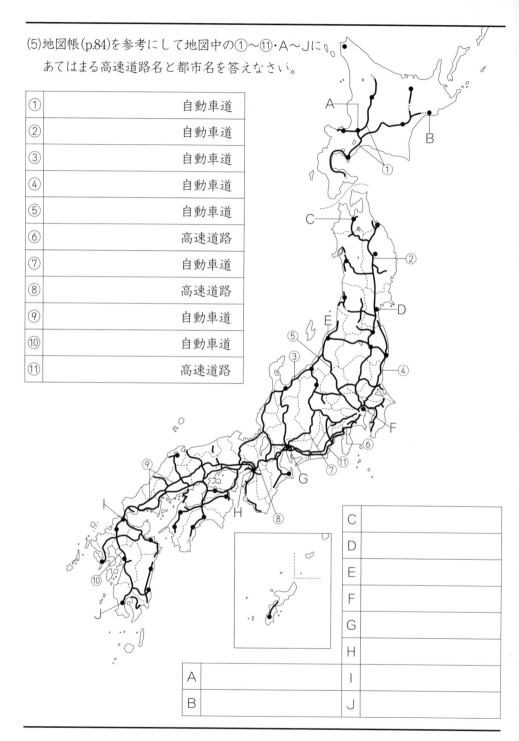

C	
D	
E	
F	
G	
H	

A	
B	

I	
J	

1. 戦前と戦後の輸出入品目の比較

下の円グラフの中のア〜クにあてはまるものを答えなさい。

輸出品

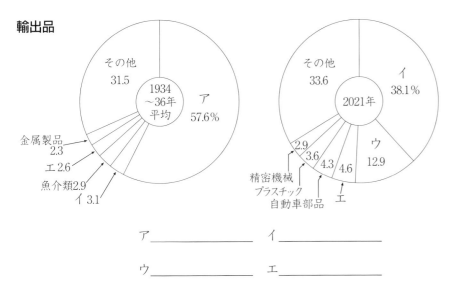

ア＿＿＿＿＿＿＿　イ＿＿＿＿＿＿＿

ウ＿＿＿＿＿＿＿　エ＿＿＿＿＿＿＿

輸入品

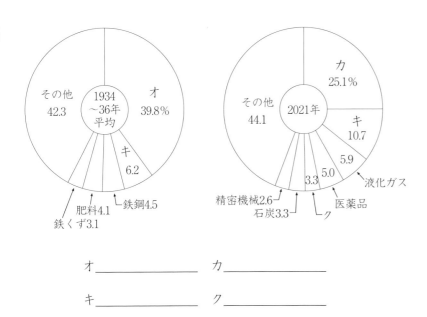

オ＿＿＿＿＿＿＿　カ＿＿＿＿＿＿＿

キ＿＿＿＿＿＿＿　ク＿＿＿＿＿＿＿

2. 地図中の①〜⑥は主な貿易港を示しています。それぞれの貿易港名を答え、輸出入品を統計資料を参考にして答えなさい。

	貿易港		1 位	2 位	3 位
①		輸出			
		輸入			
②		輸出			
		輸入			
③		輸出			
		輸入			
④		輸出			
		輸入			
⑤		輸出			
		輸入			
⑥		輸出			
		輸入			

(2021年)

〈輸出入額の多い貿易港〉

	1 位	2 位	3 位	4 位	5 位
輸出額					
輸入額					

(2021年)

3. 次の輸入品目の輸入先の1位～3位にあてはまる国名を統計資料を参考にして答えなさい。また、その国の位置を右の地図の①～㉙からそれぞれ選びなさい。

輸 入 品 目	1 位		2 位		3 位	
原　　　油						
鉄　鉱　石						
石　　　炭						
木　　　材						
銅　鉱　石						
ボーキサイト (2003年)						
羊　　　毛 (2018年)						
綿　　　花 (2018年)						
小　　　麦						
だ　い　ず						
とうもろこし						
コーヒー豆						
肉　　　類						
魚　介　類						
衣　　　類						
自　動　車						

(2021年)

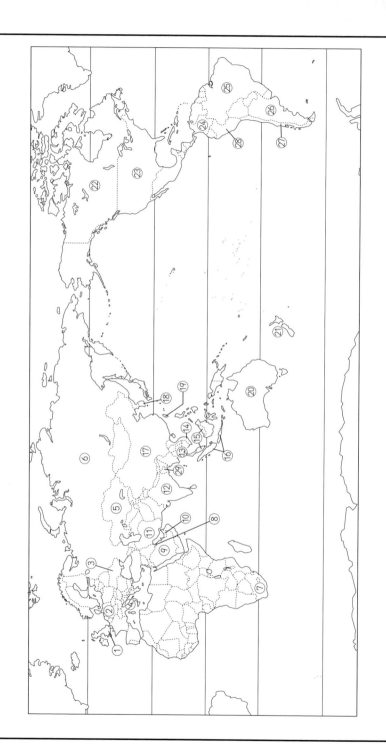

九州地方の地形

1. 九州地方の地形(地図帳参照p.11〜12・21〜24)

　[作業1] 下図の①〜⑱、ア〜シにあてはまる地名を右の空らんに書きなさい。

　[作業2] 下図のあ〜えにあてはまる国立公園名を右の空らんに書きなさい。

　　　　　　　[作業3] 下図のA〜Cにあてはまる数字を
　　　　　　　　　　　右の空らんに書きなさい。

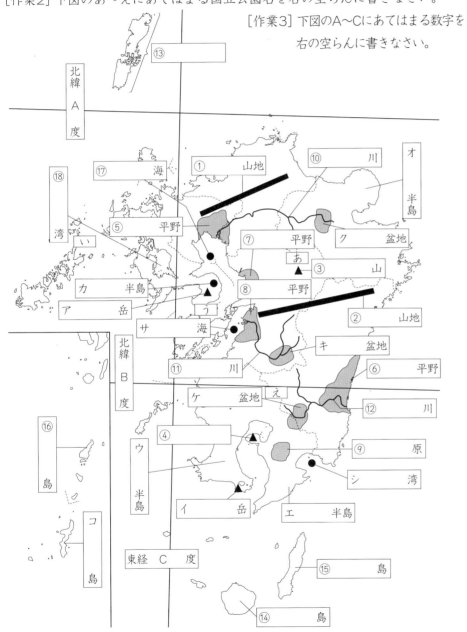

(1)山地	①		山地(低くなだらか)②		山地(やや高く険しい)
(2)山	③		山(世界最大のカルデラ) ア		岳
	イ		岳 ④		(火山灰でシラス台地を形成)
(3)半島	ウ		半島 エ		半島
	オ		半島 カ		半島
(4)平野	⑤		平野(九州の稲作の中心地　クリークがある)		
	⑥		平野(ピーマン・かぼちゃなどの促成栽培)		
	⑦		平野(すいかの栽培と稲作)		
	⑧		平野(たたみ表に用いられるい草の栽培)		
(5)台地	⑨		原(シラス台地を客土と灌漑を行い畑作地に)		
(6)盆地	キ		盆地 ク		盆地 ケ		盆地
(7)川	⑩		川(日田盆地から筑紫平野を流れる　筑紫二郎といわれる)		
	⑪		川(人吉盆地から八代平野を流れる　三大急流の一つ)		
	⑫		川(都城盆地から宮崎平野を流れる)		
(8)島	⑬		(長崎県に属する　大陸との交流の窓口)		
	⑭		島(縄文すぎ　世界自然遺産に指定される)		
	⑮		島(1543年に鉄砲が伝わる)		
	⑯		島(伝統的工芸品「大島つむぎ」)		
	コ		島(アメリカ軍基地が広がる)		

　　与那国島(日本の西端)

(9)海・湾	⑰		海(干拓地　干満の差が大きい　のりの養殖)

　　洞海湾(北九州工業地帯が面する湾)

	⑱		湾 サ		海 シ		湾
(10)国立公園	あ		い		う		え	

　　屋久島　奄美群島　やんばる　慶良間諸島　西表石垣

(11)経緯度	A		度 B		度 C		度

九州地方の気候

2. 九州地方の気候

(地図帳参照p.18・23～25)

[作業1] 地図中のA～Fの記号を気候区分
の空らんに書きなさい。

[作業2] ①～⑦にあてはまる語句を書き
なさい。

[作業3] 右図の雨温図の都市⑧～⑩の位
置を右の地図に番号で書きなさい。

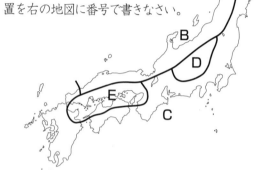

	北海道の気候
	日本海側の気候
	太平洋側の気候
	内陸の気候
	瀬戸内の気候
	南西諸島の気候

(1)気候区分

　　九州地方は、太平洋側の気候・瀬戸内の気候・南西諸島の気
候に区分される。

(2)気候の特色

　太平洋側の気候…九州沿岸は④□□□□□（日本海流）・⑤□□□□□海流の
　二つの暖流の影響で、温暖な気候である。

　また、夏は⑥□□□□□・⑦□□□□□の影響で降水量が多
　くなるため、夏と冬の降水量の差が大きい。

　瀬戸内の気候…夏は四国山地で、冬は中国山地で、季節風がさえぎられ、温暖で晴天
　の日が多い。1年を通じて降水量が少ない。

　南西諸島の気候…冬の平均気温が15度以上あり、霜や雪はほとんどみられない。降
　水量も多い。

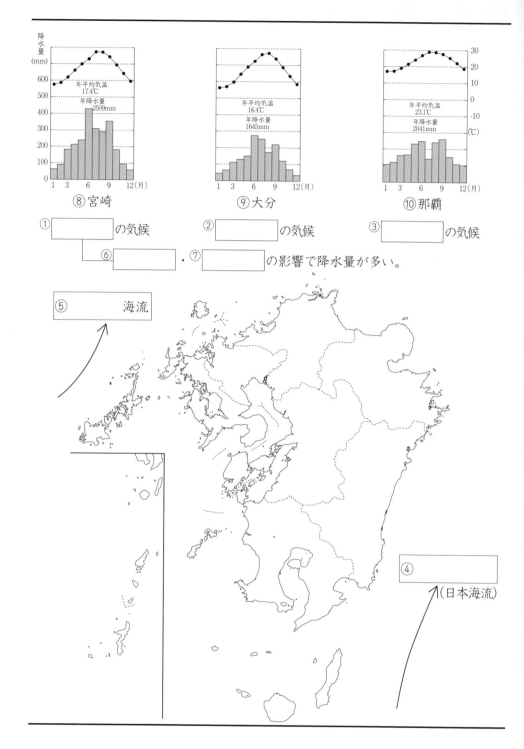

⑧宮崎　年平均気温 17.4℃　年降水量 2509mm

⑨大分　年平均気温 16.4℃　年降水量 1645mm

⑩那覇　年平均気温 23.1℃　年降水量 2041mm

①□□□□□の気候　②□□□□□の気候　③□□□□□の気候

⑥□□□□□・⑦□□□□□の影響で降水量が多い。

⑤□□□□□海流

④□□□□□（日本海流）

九州地方の農林水産業

3. 九州地方の農林水産業(地図帳参照p.22〜26)

[作業1] 下図の(ア)〜(カ)にあてはまる地名を右の空らんに書き入れなさい。

[作業2] 下図の①〜⑯にあてはまる産物名・語句を右の空らんに書き入れなさい。

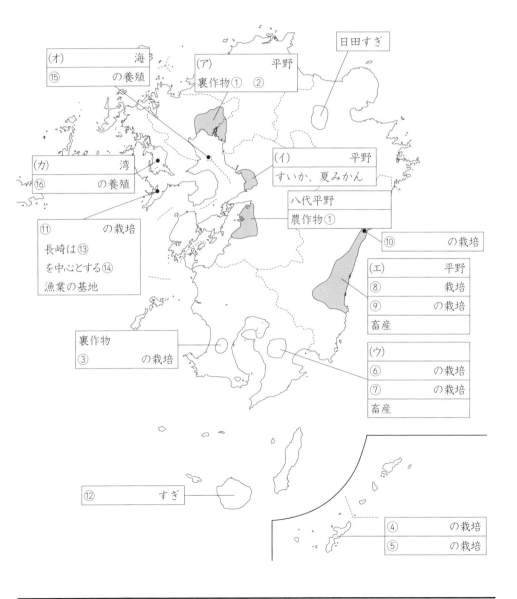

(1)農業…地方別の農業産出額では、九州地方が第1位

　稲作…二毛作がさかん

　　中心地……ア [　　　　　] 平野・イ [　　　　　] 平野

　　裏作物……熊 本 県……① [　　　　　] (特に八代平野)

　　　　　　　福 岡 県……② [　　　　　]

　　　　　　　鹿児島県……③ [　　　　　]

　畑作…南九州 (特にウ [　　　　　] のシラス台地でさかん)

　　作 物……沖 縄 県……④ [　　　　　] ・⑤ [　　　　　]

　　　　　　　鹿児島県……⑥ [　　　　　] ・⑦ [　　　　　]

　　　　　　　宮 崎 県……エ [　　　　] 平野の⑧ [　　　] 栽培

　　　　　　　⑨ [　　　　　] ・日向⑩ [　　　　　]

　　　　　　　　　　カーフェリー・トラックの利用

　　　　　　　熊 本 県……すいか・夏みかん

　　　　　　　長 崎 県……⑪ [　　　] ・びわ

　　　　　　　福 岡 県……いちご

　畜産…南九州 (鹿児島県・宮崎県でさかん)

　　　　肉用牛・ぶた・採卵鶏・にわとり(ブロイラー)

　林業…屋 久 島……⑫ [　　　] すぎ

　　　　日田盆地……日田すぎ　　広渡川上流……飫肥すぎ

(2)水産業

　漁港…長崎港(長崎県)……⑬ [　　　　] を中心とする⑭ [　　　] 漁業

　　　　　　　　　九州有数の水揚げ

　　　　枕崎港(鹿児島県)…遠洋漁業

　養殖…オ [　　　　] 海(佐賀県・福岡県)……⑮ [　　　　]

　　　　カ [　　　　] 湾・五島列島(長崎県)…⑯ [　　　　]

九州地方の都市と工業

4. 九州地方の都市と工業(地図帳参照p.23〜26)

[作業1] 下の⑦〜ス、あ〜えにあてはまる語句を書き入れなさい。

(1)県庁所在地

　　①福岡市(政令指定都市)　②佐賀市　③長崎市(⑦[　　　　　　]業・水産業)

　　④大分市(④[　　　　　　]コンビナート・⑦[　　　　　　]業)　⑤熊本市(政令指定都市)

　　⑥宮崎市　⑦鹿児島市　那覇市

(2)工業都市

　　福 岡 県　⑧北九州市(政令指定都市・⑦[　　　　　　]業・④[　　　　　　]工業)

　　　　　　　⑨久留米市(⑦[　　　　　　]工業・伝統工芸品⑦[　　　　　　])

　　　　　　　⑩大牟田市(⑦[　　　　　]化学)

　　佐 賀 県　⑪唐津市(伝統工芸品⑦[　　　　　　]・水産業)

　　　　　　　⑫有田町(伝統工芸品⑦[　　　　　])

　　長 崎 県　⑬佐世保市(⑦[　　　　　]業)

　　熊 本 県　⑭八代市(⑦[　　　　　]工業)　⑮水俣市(化学⑦[　　　　　]・水俣病)

　　宮 崎 県　⑯延岡市(⑦[　　　　　]工業)

　　鹿児島県　⑰枕崎市(水産業)　⑱鹿児島市(⑦[　　　　　]基地)

(3)工業地帯

　　A 北九州工業地帯……あ[　　　　　]工業・い[　　　　　]工業の占める割合が高い。

　　　　　　　　　　　　う[　　　　　　]炭田(現在は廃鉱)を利用した官営八幡製鉄所

　　　　　　　　　　　から発展。大工場中心だが、生産額はのびなやむ。

　　B 新産業都市…………大分臨海　有明海沿岸(不知火・有明・大牟田)　日向・延岡

(4)シリコンアイランド

　　　九州地方は、え[　　　　　　]工場が空港や高速道路の近くに多く分布する。その

　　ため九州はシリコンアイランドといわれる。九州にえ[　　　　　　]工場が多いのは、

　　え[　　　　　　]は小さく軽いので、飛行機を利用しても1個あたりの輸送費が安く

　　すむためである。

[作業2] 下図に①〜⑱で示した工業都市の名前と、その都市でさかんな工業を、下の表に
書き入れなさい。

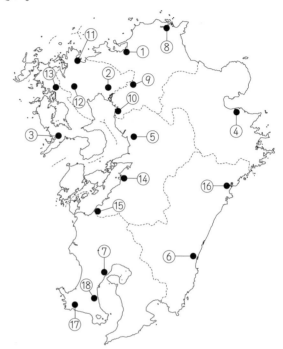

	都　市　名				都　市　名	
①				⑩		
②				⑪		
③				⑫		
④				⑬		
⑤				⑭		
⑥				⑮		
⑦				⑯		
⑧				⑰		
⑨				⑱		基地

九州地方の交通

5. 九州地方の交通(地図帳参照p.23〜24)

[作業1] 下図の①〜⑥にあてはまる鉄道線名を書き、A〜Gの駅名を書き入れなさい。
下図の⑦にあてはまるトンネル名を書き入れなさい。

(1)鉄道① [＿＿＿] 新幹線(新大阪〜博多) ② [＿＿＿] 新幹線
(博多〜鹿児島中央)

③ [＿＿＿] 本線(小倉〜鹿児島) ④ [＿＿＿] 本線(鳥栖〜長崎)

⑤ [＿＿＿] 本線(門司港〜八代・川内〜鹿児島)

⑥ [＿＿＿] 新幹線(武雄温泉〜長崎)

(2)高速道路…九州自動車道 長崎自動車道 大分自動車道 宮崎自動車道 東九州自動車道など

(3)新幹線の海底トンネル…⑦ [＿＿＿] トンネル

九州地方の行政区分

6. 九州地方の行政区分(地図帳参照p.22〜24・133)

[作業1] 地図帳を参考にして、下の①〜⑧の地図の県名と県庁所在地をそれぞれ漢字で
書き入れなさい。また、九州地方の中で、面積の広い順と人口の多い順に、
それぞれ第3位まで県名を書き入れなさい。

	県　名	県庁所在地名	面積の広い県
①			1位
②			2位
③			3位
④			人口の多い県
⑤			1位
⑥			2位
⑦			3位
⑧			

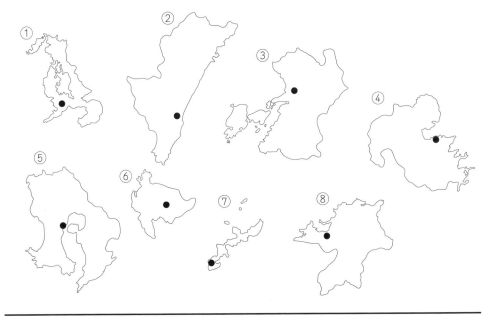

九州地方の形

九州地方の統計

7. 九州地方の島と半島の形（地図帳参照p.21〜25）

[作業1] 下図の消えている半島・島を書き入れ地図を完成させなさい。

8. 九州地方の統計

[作業1] 下の農産物の県別生産のグラフを統計資料を参考にして完成させなさい。

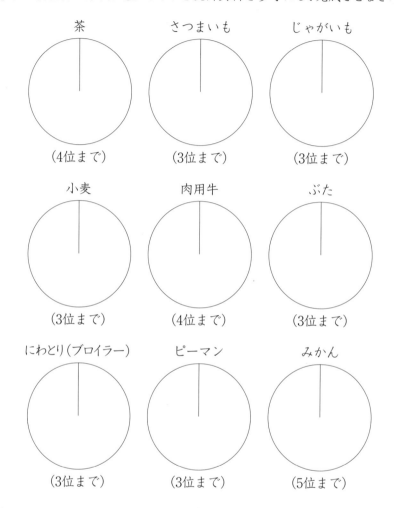

茶
（4位まで）

さつまいも
（3位まで）

じゃがいも
（3位まで）

小麦
（3位まで）

肉用牛
（4位まで）

ぶた
（3位まで）

にわとり（ブロイラー）
（3位まで）

ピーマン
（3位まで）

みかん
（5位まで）

[作業2] 下の北九州工業地帯の工業製品生産（出荷額）の割合の帯グラフを完成させなさい

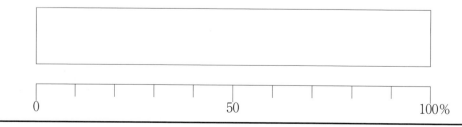

0　　　　　　　　50　　　　　　　100%

中国・四国地方の地形

1. 中国・四国地方の地形(地図帳参照p.11〜12・27〜32)

[作業1] 下図の①〜⑰、ア〜クにあてはまる地名を右の空らんに書きなさい。

[作業2] 下図のあ〜えにあてはまる国立公園名を右の空らんに書きなさい。

[作業3] 下図の A 〜 D にあてはまる数字を右の空らんに書きなさい。

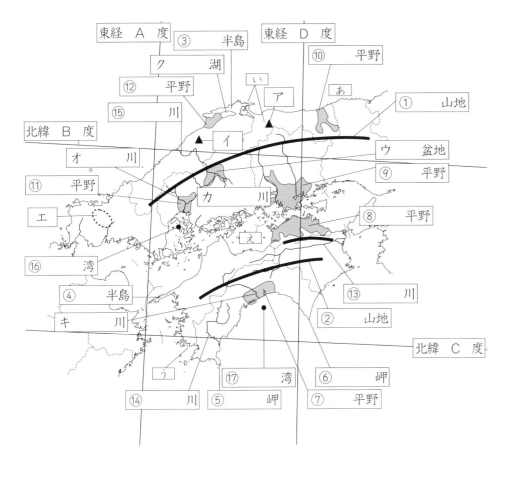

(1)山地	① [　　　]	山地(低くなだらか)	
	② [　　　]	山地(やや高く険しい)	
(2)山	ア [　　　]	イ [　　　]	
(3)半島	③ [　　　] 半島	④ [　　　] 半島	
	⑤ [　　　] 岬	⑥ [　　　] 岬	
(4)平野	⑦ [　　　] 平野	⑧ [　　　] 平野	
	⑨ [　　　] 平野	⑩ [　　　] 平野	
	⑪ [　　　] 平野	⑫ [　　　] 平野	
(5)盆地	ウ [　　　] 盆地		
(6)台地	エ [　　　] (石灰岩質のカルスト地形)		
(7)川	⑬ [　　　] 川(香川用水の水源。徳島平野を流れる。四国三郎ともいわれる)		
	⑭ [　　　] 川(日本最後の清流といわれる。下流は中村平野)		
	⑮ [　　　] 川(河口は北緯35度付近)		
	オ [　　　] 川(下流の広島平野には日本最大の三角州)		
	カ [　　　] 川(岡山平野を流れる)	キ [　　　] 川(高知県)	
(8)島	隠岐諸島(島根県)　小豆島(香川県)		
(9)湾・湖	ク [　　　] 湖　中海	⑯ [　　　] 湾	⑰ [　　　] 湾
(10)砂丘	鳥取県の鳥取砂丘は、日本最大級の砂丘		
(11)国立公園	あ [　　　]	い [　　　]	う [　　　]
	え [　　　]		
(12)経緯度	A [　　　] 度　B [　　　] 度　C [　　　] 度		
	D [　　　] 度		

中国・四国地方の気候

2. 中国・四国地方の自然(地図帳参照p.18・27〜33)

[作業1] 下の①〜⑦にあてはまる語句を下の空らんに書きなさい。

[作業2] 右の雨温図の都市⑧〜⑩の位置を地図に番号で書きなさい。

(1)気候区分

　中国・四国地方の気候は、日本海側の気候・瀬戸内の気候・太平洋側の気候に

区分される。

(2)気候の特色

① [＿＿＿＿＿＿＿＿]の気候……沖合いを流れる暖流の④[＿＿＿＿＿＿]海流の

影響で、割合に温暖である。また、冬の降水量が

多くなっている。

② [＿＿＿＿＿＿＿＿]の気候……低くなだらかな⑤[＿＿＿＿＿＿＿]山地とやや高く

険しい⑥[＿＿＿＿＿＿＿]山地により、冬の北西

季節風と夏の南東季節風がさえぎられるため、1年を

通して降水量が少なく、晴天の日が多い。月別の

平均気温で0度以下になる月はなく、温暖であ

る。

③ [＿＿＿＿＿＿＿＿]の気候……沖合いを流れる温暖の⑦[＿＿＿＿＿＿＿](日本

海流)の影響で、温暖である。また、梅雨・台風に

より、夏の降水量がとくに多くなっている。

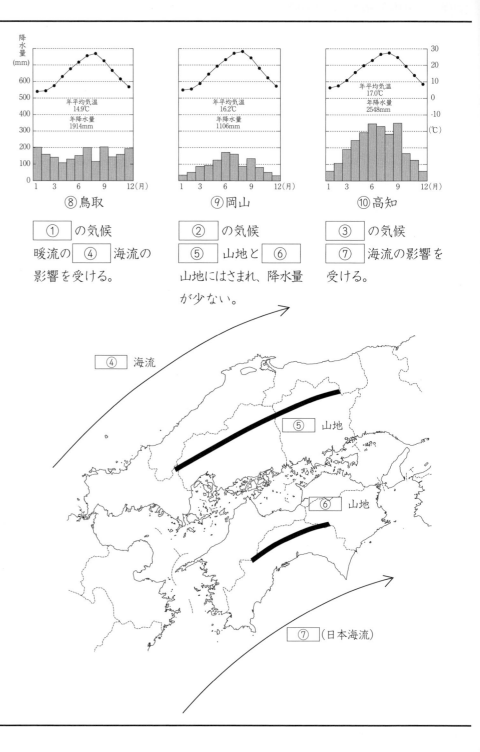

⑧鳥取　　⑨岡山　　⑩高知

[①] の気候
暖流の [④] 海流の
影響を受ける。

[②] の気候
[⑤] 山地と [⑥]
山地にはさまれ、降水量
が少ない。

[③] の気候
[⑦] 海流の影響を
受ける。

[④] 海流

[⑤] 山地

[⑥] 山地

[⑦] (日本海流)

中国・四国地方の農林水産業

3. 中国・四国地方の農林水産業(地図帳参照p.27〜34)

[作業1] 下図の①〜⑩にあてはまる地名を右の空らんに書き入れなさい。

[作業2] 下図のA〜Nにあてはまる語句を右の空らんに書き入れなさい。

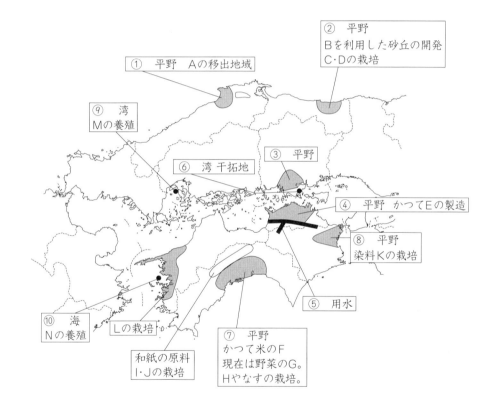

② 平野
Bを利用した砂丘の開発
C・Dの栽培

① 平野　Aの移出地域

⑨ 湾
Mの養殖

③ 平野

⑥ 湾 干拓地

④ 平野　かつてEの製造

⑧ 平野
染料Kの栽培

⑤ 用水

⑩ 海
Nの養殖

Lの栽培

⑦ 平野
かつて米のF
現在は野菜のG。
Hやなすの栽培。

和紙の原料
I・Jの栽培

(1)農業

稲作…日本海側では水田単作、瀬戸内では二毛作がさかん。

中心地…① [＿＿＿] 平野(日本海側)…A [＿＿＿] の移出地域

② [＿＿＿] 平野　③ [＿＿＿] 平野

④ [＿＿＿] 平野(瀬戸内)…かつてE [＿＿＿] の製造

がさかん。

用　水…⑤ [＿＿＿] 用水(吉野川から讃岐平野)…ため池が多かった。

干拓地…⑥ [＿＿＿] 湾(岡山県)

畑作…高知平野では野菜の促成栽培。瀬戸内海沿岸でのみかん栽培。

作　物…高知県(⑦ [＿＿＿] 平野)…かつてはF [＿＿＿] が行われて

いた。 現在は冬に野菜の G [＿＿＿] がさかん。 作物では

H [＿＿＿] ・なすが栽培される。また、四国山地の山間部では、

和紙の材料となるI [＿＿＿] ・J [＿＿＿] が栽培される。

徳島県(⑧ [＿＿＿] 平野)…染料となるK [＿＿＿] の栽培。

愛媛県(佐田岬半島・宇和海沿岸)…L [＿＿＿] 栽培。生産量は、

全国2位。近年、伊予柑・キウイフルーツ栽培もさかん。

鳥取県(② [＿＿＿] 平野・鳥取砂丘)…B [＿＿＿] を

利用した砂丘の開発がすすむ。

C [＿＿＿] ・D [＿＿＿] の栽培。

畜産…中国山地で肉用牛が放牧される。

(2)水産業

漁港…境(鳥取県)……………………水揚げ量で西日本有数。

下関(山口県)………………ふぐの水揚げが多い。

土佐清水(高知県)………かつお・まぐろの遠洋漁業の基地。

養殖…⑨ [＿＿＿] 湾…M [＿＿＿]

瀬戸内海…はまち　　宍道湖…しじみ

⑩ [＿＿＿] 海…N [＿＿＿]

赤潮…プランクトンが異常に発生し、養殖に大きな被害を与えてしまう。

赤潮が発生する原因は、生活排水・工場廃水などによる海の汚染

中国・四国地方の都市と工業

4. 中国・四国地方の都市と工業(地図帳参照p.27〜34)

[作業1] 下の1〜13にあてはまる工業名を書きなさい。

(1)県庁所在地

　①山口市(山口県)　②松江市(島根県)　③鳥取市(鳥取県)

　④広島市(広島県・政令指定都市) 1 ＿＿＿＿＿＿

　⑤岡山市(岡山県・政令指定都市) 2 ＿＿＿＿＿＿

　⑥高松市(香川県)　⑦松山市(愛媛県)　⑧徳島市(徳島県)　⑨高知市(高知県)

(2)工業都市

　山口県　⑩宇部市 3 ＿＿＿＿＿　⑪山陽小野田市 4 ＿＿＿＿＿

　　　　　⑫岩国市 5 ＿＿＿＿＿　⑬周南市 6 ＿＿＿＿＿

　鳥取県　⑭米子市 7 ＿＿＿＿＿

　広島県　⑮呉市 8 ＿＿＿＿＿　⑯福山市 9 ＿＿＿＿＿

　岡山県　⑰倉敷市(水島地区) 10 ＿＿＿＿＿

　愛媛県　⑱今治市 11 ＿＿＿＿＿　⑲新居浜市 12 ＿＿＿＿＿

　　　　　⑳四国中央市 13 ＿＿＿＿＿

　伝統工業…土佐和紙(高知県)　砥部焼(愛媛県)　備前焼(岡山県)　萩焼(山口県)

(3)工業地域

　Ａ瀬戸内工業地域…海上交通の便がよいこと、塩田跡や埋め立てで工場用地が

　　　　　　　　　　得やすいことから発達。化学工業・せんい工業の割合が、

　　　　　　　　　　他の工業地域より高くなっている。

　Ｂ新産業都市…岡山県南(倉敷)・中海(米子)・徳島・東予(新居浜・今治)

[作業2] 下図に①〜⑳で示した都市名と、その都市でさかんな工業を下の表に書き
入れなさい。

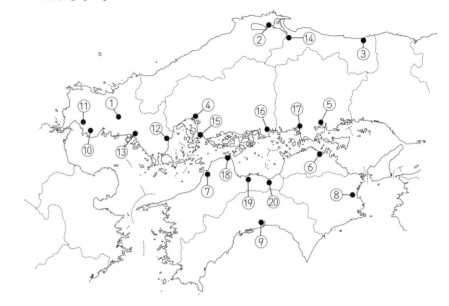

	都　市　名			都　市　名	
①	市		⑪	市	
②	市		⑫	市	
③	市		⑬	市	
④	市		⑭	市	
⑤	市		⑮	市	
⑥	市		⑯	市	
⑦	市		⑰	市	
⑧	市		⑱	市	
⑨	市		⑲	市	
⑩	市		⑳	市	

中国・四国地方の交通

5. 中国・四国地方の交通(地図帳参照p.27〜32)

[作業1] 下図の①〜⑥にあてはまる鉄道線名を下の空らんに書きなさい。

[作業2] A〜Gの駅名を下図に書きなさい。

[作業3] Hの橋名とIの愛称を下図に書きなさい。

(1)鉄　道

①	新幹線(新大阪〜博多)
②	本線(神戸〜門司)
③	本線(京都〜幡生)
④	線(多度津〜窪川)
⑤	線(高松〜宇和島)
⑥	線(佐古〜佃)

(2)高速道路

中国自動車道　山陽自動車道　米子自動車道　松江自動車道　浜田自動車道

徳島自動車道　高松自動車道　松山自動車道　高知自動車道など

(3)本州四国連絡橋

児島・坂出ルート(瀬戸大橋)

尾道・今治ルート(しまなみ海道)

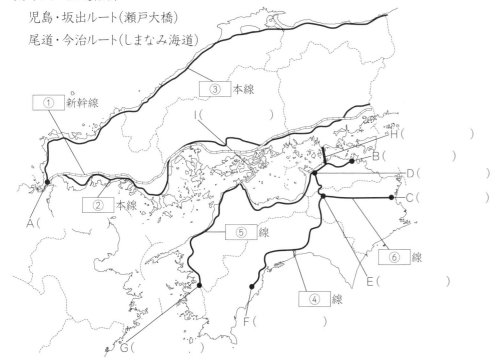

中国・四国地方の行政区分

6. 中国・四国地方の行政区分(地図帳参照p.27〜32・133)

(1)次の①〜⑨の地図の県名と県庁所在地名をそれぞれ漢字で書きなさい。また、中国・四国地方の中で、面積の広い順と人口の多い順に、それぞれ第3位まで県名を書きなさい。

	県　名	県庁所在地名	面積の広い県
①			1位
②			2位
③			3位
④			人口の多い県
⑤			1位
⑥			2位
⑦			3位
⑧			
⑨			

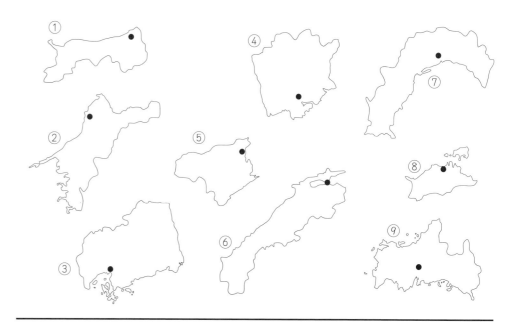

中国・四国地方の形

7. 中国・四国地方の形(地図帳参照p.27～33)

[作業1] 下図の消えている半島などを書き入れ地図を完成させなさい。

中国・四国地方の統計

8. 中国・四国地方の統計

[作業1] 統計資料を参考にして下の円グラフを完成させなさい。

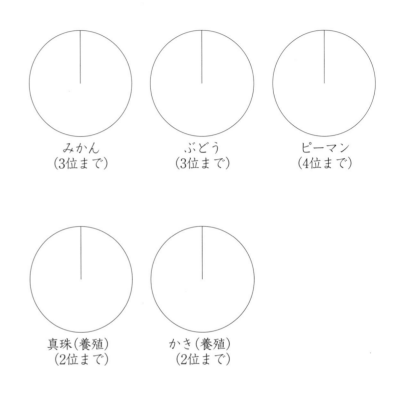

みかん
(3位まで)

ぶどう
(3位まで)

ピーマン
(4位まで)

真珠(養殖)
(2位まで)

かき(養殖)
(2位まで)

[作業2] 瀬戸内工業地域の工業製品生産(出荷額)の割合の帯グラフを作成しなさい。

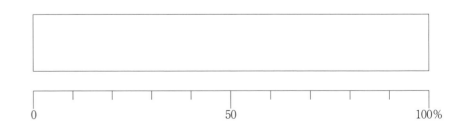

0　　　　　　　　　　50　　　　　　　　　100%

近畿地方の地形

1. 近畿地方の地形(地図帳参照p.11～12・35～38)

[作業1] 下図の①～⑱、ア～クにあてはまる地名を右の空らんに書きなさい。

[作業2] 下図のあ～えにあてはまる国立公園名を右の空らんに書きなさい。

[作業3] 下図のA～Dにあてはまる数字を右の空らんに書きなさい。

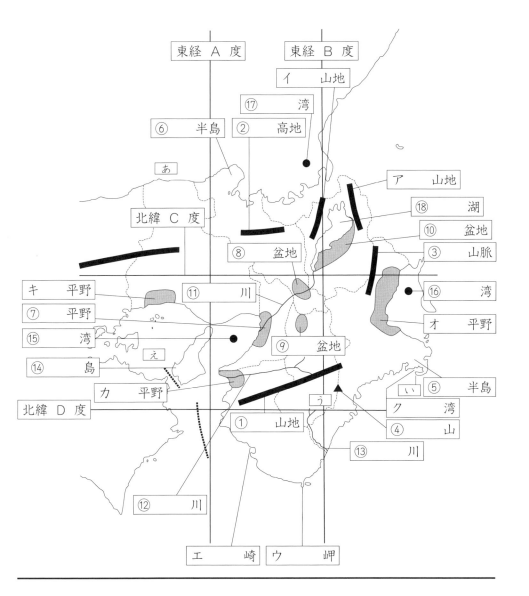

(1)山地　① [　　　]　山地(険しく海岸までせまっているので平地が少ない)

　　　　② [　　　]　高地(中国山地から続く高原状の山地)

　　　　③ [　　　]　山脈　ア [　　　]　山地　イ [　　　]　山地

(2)山　　④ [　　　]　山

(3)半島・岬　⑤ [　　　]　半島(リアス海岸)　⑥ [　　　]　半島

　　　　ウ [　　　]　岬　エ [　　　]　崎(ナショナルトラスト運動)

(4)平野　⑦ [　　　]　平野

　　　　オ [　　　]　平野　カ [　　　]　平野　キ [　　　]　平野

(5)盆地　⑧ [　　　]　盆地　⑨ [　　　]　盆地

　　　　⑩ [　　　]　盆地

(6)川　　⑪ [　　　]　川(琵琶湖から流れ、下流は大阪平野)

　　　　⑫ [　　　]　川(下流は和歌山平野)

　　　　⑬ [　　　]　(新宮)川

(7)島　　⑭ [　　　]　島(兵庫県)

(8)海・湖　⑮ [　　　]　湾　⑯ [　　　]　湾　⑰ [　　　]　湾(リアス海岸)

　　　　⑱ [　　　]　湖(断層湖・面積日本第1位)

　　　　ク [　　　]　湾(真珠の養殖)

(9)国立公園　あ [　　　]　い [　　　]　う [　　　]　え [　　　]

(10)経緯度　A [　　　]　度　B [　　　]　度　C [　　　]　度

　　　　D [　　　]　度

69

2. 近畿地方の気候(地図帳参照p.18・35〜38・41)

[作業1] 下の①〜⑩にあてはまる語句を下の空らんに書き、A〜Eにそれぞれ答えを
書きなさい。

[作業2] 右の雨温図の都市⑪〜⑬の位置を地図に番号で書きなさい。

(1)気候区分

近畿地方は、① [　　　] 山地から続く高原状の② [　　　] 高地と、険しい

③ [　　　] 山地により、北部・中央低地・南部に区分される。

北部は④ [　　　] の気候、南部は⑤ [　　　] の気候の特色をもっている。

中央低地の気候は、⑥ [　　　] の気候に区分される。また、山地に囲まれた奈良

盆地・京都盆地などは、太平洋側の気候に区分されるが、降水量がややA [　　　] 、

寒暖の差がB [　　　] なる。

(2)気候の特色

日本海側の気候…冬の⑦ [　　　] 季節風と⑧ [　　　] 海流(暖流)の影響に

よる降雪のため、夏より冬の降水量が多い。また、夏にはC [　　　]

現象がおき、気温が上昇する。沖合いを流れる⑧ [　　　] 海流の

影響で、温暖である。

太平洋側の気候…暖流の⑨ [　　　] (日本海流)の影響で、温暖な気候である。

冬より夏の降水量が多い。盆地などは季節風を山地がさえぎるため

降水量がややD [　　　] 、寒暖の差がE [　　　] なる。

瀬戸内の気候…南北を山地にはさまれ、夏の⑩ [　　　] 季節風や冬の

⑦ [　　　] 季節風がさえぎられるため、一年を通して晴天の日が

多く降水量が少ない。

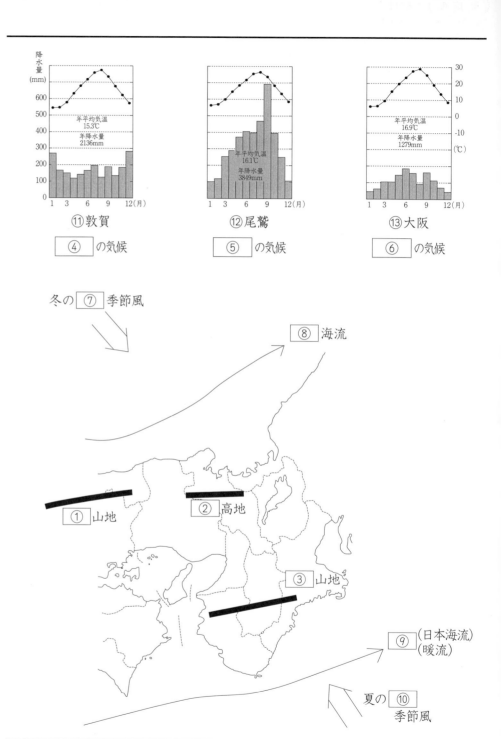

⑪敦賀　　　　　⑫尾鷲　　　　　⑬大阪

④ [　] の気候　　⑤ [　] の気候　　⑥ [　] の気候

冬の ⑦ [　] 季節風

⑧ 海流

① 山地　　② 高地　　③ 山地

⑨ (日本海流)(暖流)

夏の ⑩ 季節風

3. 近畿地方の農林水産業(地図帳参照p.35〜38・41〜42)

[作業1] 下図の(1)〜(7)にあてはまる地名を書き入れなさい。

[作業2] 下図の①〜⑩にあてはまる産物名を右の空らんに書き入れなさい。

[作業3] 下図のA〜Fにあてはまる語句を右の空らんに書き入れなさい。

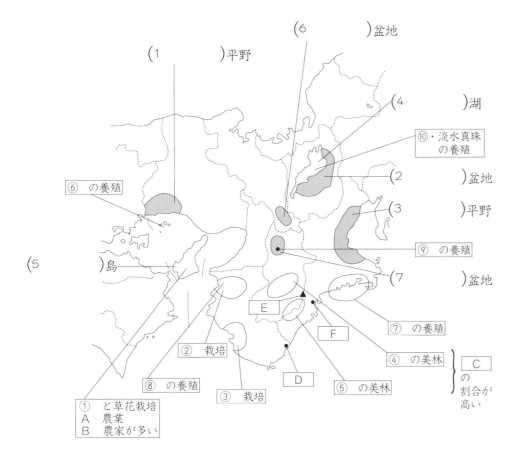

(6　)盆地
(1　)平野
(4　)湖
⑩・淡水真珠の養殖
(2　)盆地
⑥　の養殖
(3　)平野
⑨　の養殖
(5　)島
(7　)盆地
E
F
⑦　の養殖
② 栽培
④　の美林 } C の割合が高い
⑧　の養殖
D
③ 栽培
⑤　の美林
① と草花栽培
A 　農業
B 　農家が多い

(1)農業

　稲作…………二毛作地域（鎌倉時代からはじまる）

　　中 心 地…播磨平野・近江盆地・伊勢平野

　　農業用水…琵琶湖疏水

　畑作…………大都市向けの近郊農業と園芸農業

　　作　　物…兵 庫 県…① □□□□□と草花栽培。特に淡路島が中心。

　　　　　　　　　　大都市へ野菜を供給する A □□□□□ がさかんで、

　　　　　　　　　　B □□□□□ 農家が多い。

　　　　　　　和歌山県…② □□□□□ 栽培(紀の川・有田川流域)

　　　　　　　　　　　③ □□□□□ とかきの栽培がさかん。

　　　　　　京 都 府…茶(宇治市)　　三 重 県…茶

　林業…………紀伊山地では、すぎ・ひのきの良材が産出される。

　　　　④ □□□□□ と⑤ □□□□□ は、人工の三大美林にふくまれる。

　　　　また、他の地域に比べ C □□□□□ の割合が高い。

　　　　④ □□□□□ … 紀の川・熊野(新宮)川上流

　　　　　　　　集散地 D □□□□□ 市・桜井市

　　　　⑤ □□□□□ …E □□□□□ 山付近　集散地 F □□□□□ 市

(2)水産業

　漁港…那智勝浦・尾鷲・太地(かつての捕鯨基地)

　養殖…兵 庫 県…⑥ □□□□□ (瀬戸内海)　三重県…⑦ □□□□□ (英虞湾)

　　　　和歌山県…⑧ □□□□□ 　　奈 良 県…⑨ □□□□□ (大和郡山)

　　　　滋 賀 県…⑩ □□□□□ ・淡水真珠(琵琶湖)

近畿地方の都市と工業

4. 近畿地方の都市と工業(地図帳参照p.35〜42)

[作業1] 下の1〜13にあてはまる工業名とA〜Gにあてはまる語句を書きなさい。

(1)府県庁所在地

① 神戸市(兵庫県・政令指定都市・日本有数の貿易港)

② 大阪市(大阪府・政令指定都市・かつて A□□□□□□ といわれる)

③ 京都市(京都府・政令指定都市・伝統工業の B□□□□□□ ・ C□□□□□□ ・
D□□□□□□)

④ 大津市(滋賀県・1□□□□□□ がさかん)

⑤ 和歌山市(和歌山県・2□□□□□□ がさかん)

⑥ 奈良市(奈良県・伝統工業の 3□□□□□□)

⑦ 津市(三重県・4□□□□□□ がさかん)

(2)工業都市

兵庫県　⑧ 加古川市5□□□□□□　　⑨ 西宮市6□□□□□□

大阪府　⑩ 堺市(政令指定都市)7□□□□□□

　　　　⑪ 門真市8□□□□□□　　⑫ 守口市9□□□□□□

　　　　⑬ 泉佐野市10□□□□□□　　⑭ 泉大津市11□□□□□□

三重県　⑮ 四日市市12□□□□□□ (中京工業地帯に含まれる)

　　　　⑯ 鈴鹿市13□□□□□□

(3)工業地帯

A　阪神工業地帯…中京に次ぎ、生産(出荷額)第2位の工業地帯。

　　E□□□□□□ 工業と F□□□□□□ 工業の占める割合が高い。

　　日用雑貨をつくる工場や G□□□□□□ 工場が多い。

B　工業整備特別地域

　　播磨(はりま)…姫路市・相生市(あいおい)・明石市・赤穂市(あこう)

[作業2] 下図に①〜⑯で示した都市名と、その都市でさかんな工業を下の表に書き
　　　　入れなさい。

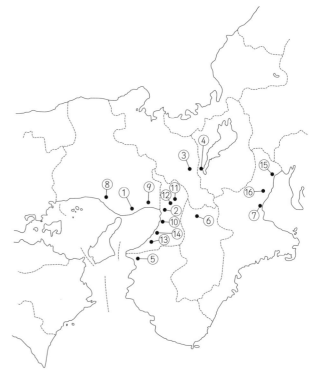

	都　市　名			都　市　名	
①	市		⑨	市	
②	市		⑩	市	
③	市		⑪	市	
④	市		⑫	市	
⑤	市		⑬	市	
⑥	市		⑭	市	
⑦	市		⑮	市	
⑧	市		⑯	市	

近畿地方の交通

5. 近畿地方の交通(地図帳参照p.35〜40)

[作業1] 下図の①〜⑩にあてはまる語句を下の空らんに書き、A〜Fの駅名を下図に書きなさい。

(1)鉄 道

① [　　　] 新幹線(東京〜新大阪)　② [　　　] 新幹線(新大阪〜博多)

③ [　　　] 本線(東京〜神戸)　④ [　　　] 本線(京都〜幡生)

⑤ [　　　] 本線(神戸〜門司)　⑥ [　　　] 本線(米原〜敦賀)

⑦ [　　　] 本線(名古屋〜JR難波)　⑧ [　　　] 本線(亀山〜和歌山)

(2)高速道路
　名神高速道路(日本最初の高速道路。1964年開通) 新名神高速道路
　近畿自動車道　西名阪自動車道　東名阪自動車道　阪和自動車道
　舞鶴若狭自動車道　伊勢自動車道　紀勢自動車道など

(3)本州四国連絡橋
　神戸・鳴門ルート

(4)空 港

⑨ [　　　] 空港(1994年開港。海上空港)　⑩ [　　　] 空港(伊丹空港)

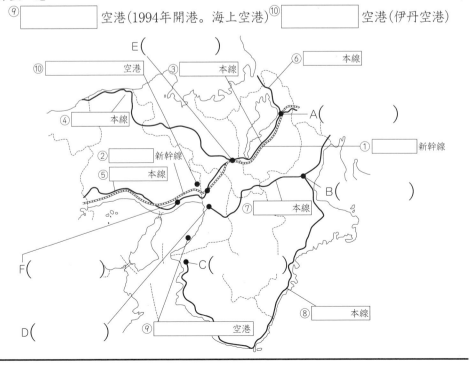

近畿地方の行政区分

6. 近畿地方の行政区分(地図帳参照p.35〜36・133)

(1)次の①〜⑦の地図の府県名と府県庁所在地名をそれぞれ漢字で書きなさい。また、近畿地方の中で、面積の広い順と人口の多い順に、それぞれ第3位まで府県名を書きなさい。

	府 県 名	府県庁所在地名	面積の広い府県
①			1位
②			2位
③			3位
④			人口の多い府県
⑤			1位
⑥			2位
⑦			3位

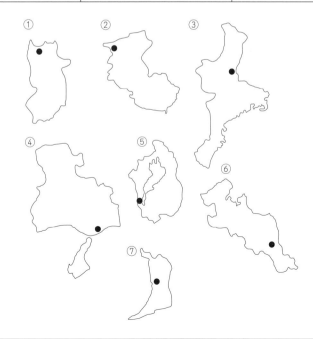

近畿地方の形

7. 近畿地方の島と半島の形(地図帳参照p.35〜38・41)

[作業1] 下図の消えている部分を書き入れ地図を完成させなさい。

近畿地方の統計

8. 近畿地方の統計

[作業1] 統計資料を参考に下のグラフを完成させなさい。

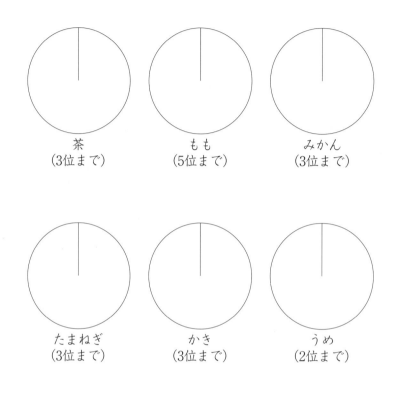

茶
(3位まで)

もも
(5位まで)

みかん
(3位まで)

たまねぎ
(3位まで)

かき
(3位まで)

うめ
(2位まで)

[作業2] 阪神工業地帯の工業製品生産(出荷額)の割合の帯グラフを作成しなさい。

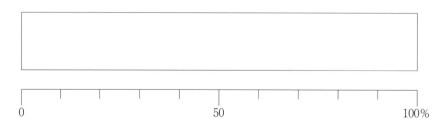

0　　　　　　　　　　50　　　　　　　　　100%

1. 中部地方の地形(地図帳参照p.11〜12・35〜36・43〜48)

[作業1]下図の①〜㉔、ア〜クにあてはまる地名を右の空らんに書きなさい。

[作業2]下図のあ〜えにあてはまる国立公園名を右の空らんに書きなさい。

[作業3]下図のA〜Dにあてはまる数字を右の空らんに書きなさい。

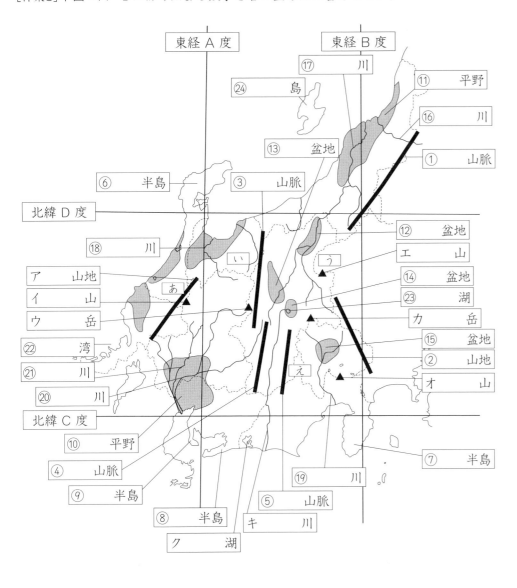

(1) 山地	①	山脈	②	山地
	③	山脈(北アルプス)	④	山脈(南アルプス)
	⑤	山脈(中央アルプス)	ア	山地
(2) 山	イ	山	ウ	岳	エ	山
	オ	山	カ	岳		
(3) 半島	⑥	半島	⑦	半島
	⑧	半島	⑨	半島
(4) 平野	⑩	平野	⑪	平野

富山平野　福井平野　金沢平野　岡崎平野　静岡平野

(5) 台地	牧ノ原

(6) 盆地	⑫	盆地	⑬	盆地	⑭	盆地
	⑮	盆地	佐久盆地　伊那盆地　高山盆地			

(7) 川	⑯	川(新潟水俣病)
	⑰	川(長さ第1位・流域面積第3位)
	⑱	川(イタイイタイ病) ⑲ 川(日本三大急流)
	⑳	川(木曽山脈から濃尾平野を流れる)
	㉑	川(両白山地から濃尾平野を流れる。河口堰)
	(⑳川 ・ ㉑川 ・揖斐川の下流は、輪中地帯)	
	キ	川(諏訪湖から遠州灘に流れる)

(8) 湾・湖	㉒	湾(リアス海岸) 富山湾　伊勢湾　三河湾
	㉓	湖(断層湖) ク 湖

(9) 島	㉔	島

(10) 国立公園	あ	い	う	え

妙高戸隠連山　秩父多摩甲斐　富士箱根伊豆　磐梯朝日　尾瀬

(11) 経緯度	A	度 B	度 C	度 D	度

2. 中部地方の気候(地図帳参照p.18・35・43～49)

[作業1]下の①～⑥、右図のア～エ および下図のA～Cにあてはまる語句を空らんに
　　　書きなさい。

[作業2]右の雨温図の都市⑦～⑨の位置を右の地図に番号で書きなさい。

(1) 気候区分

　　　中部地方は、太平洋岸の東海、日本海側の北陸、内陸の中央高地に区分される。

　　東海は①[　　　　　　　　]の気候、北陸は②[　　　　　　　　　]の気候の特色をもって

　　いる。中央高地は③[　　　　　　　　]の気候になっている。

(2) 気候の特色

　　太平洋側の気候……南東季節風の影響で冬より夏の方が降水量が多い。東海地方は

　　　　　　　　暖流の④[　　　　　　　　](日本海流)の影響で温暖である。

　　日本海側の気候……北西季節風の影響をうけるため、夏より冬の方が降水量が多い。

　　　　　　　　また、夏にはしばしば⑤[　　　　　　　]現象がおきる。

　　内陸の気候…………中央高地は山に囲まれているため、降水量が⑥[　　　　　　]、

　　　　　　　　夏と冬の気温の差、昼と夜の気温の差が大きい。

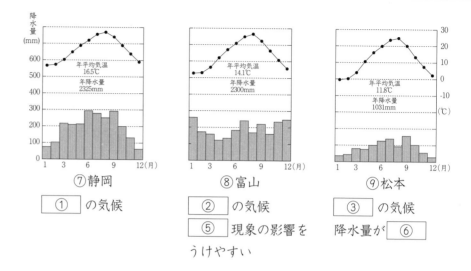

⑦静岡　　　　　　⑧富山　　　　　　⑨松本

①[　　]の気候　　②[　　]の気候　　③[　　]の気候

　　　　　　　　　⑤[　　]現象の影響を　　降水量が⑥[　　]

　　　　　　　　　うけやすい

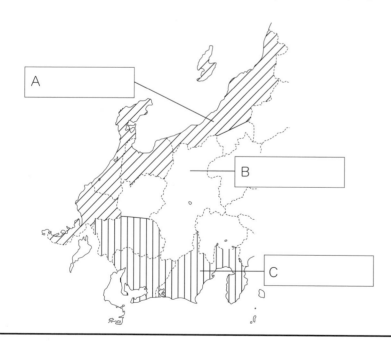

A[　　　　　　　]

B[　　　　　　　]

C[　　　　　　　]

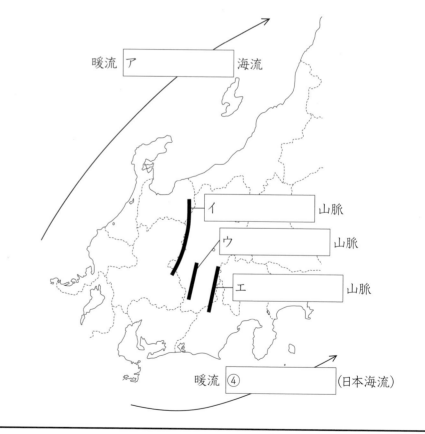

暖流 ア[　　　　　　　]海流

イ[　　　　　　]山脈

ウ[　　　　　　]山脈

エ[　　　　　　]山脈

暖流 ④[　　　　　　　](日本海流)

中部地方の農林水産業

3. 中部地方の農林水産業(地図帳参照p.43〜50)

[作業1]下図の(1)〜(12)に地名を書きなさい。

[作業2]下図のA〜Lにあてはまる語句を右の空らんに書き入れなさい。

[作業3]下図の①〜⑪にあてはまる語句を右の空らんに書き入れなさい。

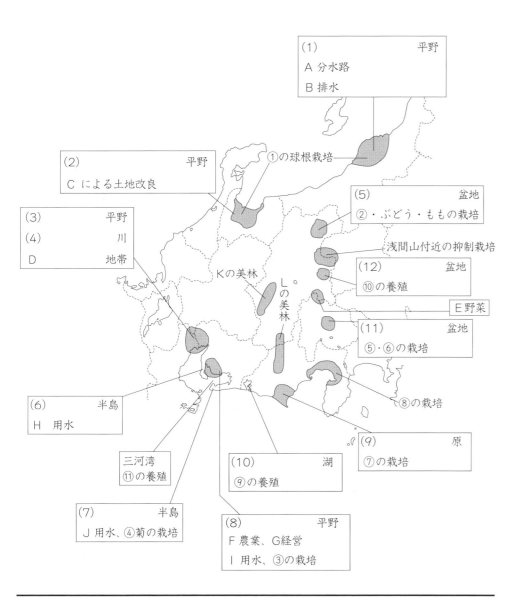

(1)農業

　稲作…北陸…中央高地は水田単作地域、東海は二毛作地域

　　中心地…越後平野(A〔　　　　　〕分水路・B〔　　　　　〕排水)

　　　富山平野(C〔　　　　　〕による土地改良)

　　　松本盆地(ぬるめ、まわし水路、たな田)

　　　濃尾平野(木曽川下流のD〔　　　　　〕地帯)

　畑作…中央高地の高冷地農業と岡崎の近郊…園芸農業

　　作物……新潟県・富山県…①〔　　　　　〕の球根栽培

　　　長野県…野辺山原での高冷地農業(E〔　　　　　〕野菜の栽培)

　　　　長野盆地での②〔　　　　　〕・ぶどう・ももの栽培

　　　愛知県…大都市へ野菜を供給するF〔　　　　　〕農業

　　　　(③〔　　　　　〕の栽培)

　　　　G〔　　　　　〕経営(かつては日本のデンマークとよばれた)

　　　　渥美半島での草花(④〔　　　　　〕菊の栽培)

　　　山梨県…甲府盆地での⑤〔　　　　　〕と⑥〔　　　　　〕の栽培

　　　静岡県…牧ノ原での⑦〔　　　　　〕の栽培

　　　　駿河湾岸での⑧〔　　　　　〕の栽培

　農業用水……H〔　　　　　〕用水(木曽川から知多半島へ)

　　　　　　　I〔　　　　　〕用水(矢作川から岡崎平野へ)

　　　　　　　J〔　　　　　〕用水(豊川から渥美半島へ)

　林業…ひのき・すぎの良材が産出される。

　　K〔　　　　　〕は天然の三大美林 L〔　　　　　〕は人工の三大美林にふくまれる。

(2)水産業

　漁港…焼津は、まぐろなど高級魚の水揚げが多く、遠洋漁業の基地。

　養殖…静岡県…⑨〔　　　　　〕(浜名湖) 長野県…⑩〔　　　　　〕(佐久盆地)

　　　新潟県…錦鯉 　　　　　　愛知県…⑪〔　　　　　〕(三河湾)

中部地方の都市と工業

4. 中部地方の都市と工業(地図帳参照p.35～36・43～50)

[作業1]下の1～18にあてはまる工業名、工芸品名を書きなさい。

(1)県庁所在地

① 福井市(福井県・伝統工芸品 [1 _____])

② 金沢市(石川県・伝統工業の [2 _____]焼と加賀 [3 _____])

③ 富山市(富山県・製油と製薬)

④ 新潟市(新潟県・政令指定都市・製油と製紙パルプ)

⑤ 岐阜市(岐阜県・せんい工業)　⑥ 長野市(長野県)　⑦ 甲府市(山梨県)

⑧ 名古屋市(愛知県・政令指定都市)　⑨ 静岡市(静岡県・政令指定都市)

(2)工業都市

石川県　ア 輪島市(伝統工業の [4 _____])

新潟県　イ 十日町市([5 _____])　ウ 小千谷市(伝統工業の [6 _____])

　　　　　燕市(洋食器)　三条市(金物)

岐阜県　エ 多治見市([7 _____])　オ 大垣市(綿・毛織物)

静岡県　カ 富士市([8 _____])　キ 静岡市(蒲原)([9 _____])

　　　　ク 静岡市(清水) ([10 _____]・かんづめ)

　　　　ケ 浜松市(政令指定都市・[11 _____]・[12 _____]・自動車)

愛知県　コ 東海市([13 _____])　サ 豊田市([14 _____])

　　　　シ 岡崎市([15 _____])

　　　　ス 一宮市([16 _____])　セ 瀬戸市([17 _____])

長野県　ソ 岡谷市・諏訪市([18 _____])

(3)工業地帯

A　中京工業地帯…機械工業(とくに自動車工業)がさかん

　　　　　　　　　生産(出荷額)で日本第1位の工業地帯

B　東海工業地域…機械工業と食品工業のほか、製紙・パルプ工業もさかん

　　　　　　　　　中京・京浜にはさまれ、交通の便がよい

C　北陸工業地域…伝統工業・機械工業がさかん

D　諏訪盆地…精密機械工業がさかん

E　新産業都市…新潟　富山・高岡　松本・諏訪

F　工業整備特別地域…駿河湾…沼津・三島・富士・富士宮

　　　　　　　　　　　東三河…豊橋・蒲郡・豊川

[作業2]下図の①～⑨、ア～ソの都市名と、その都市でさかんな工業または工芸品名を下の表に書き入れなさい。

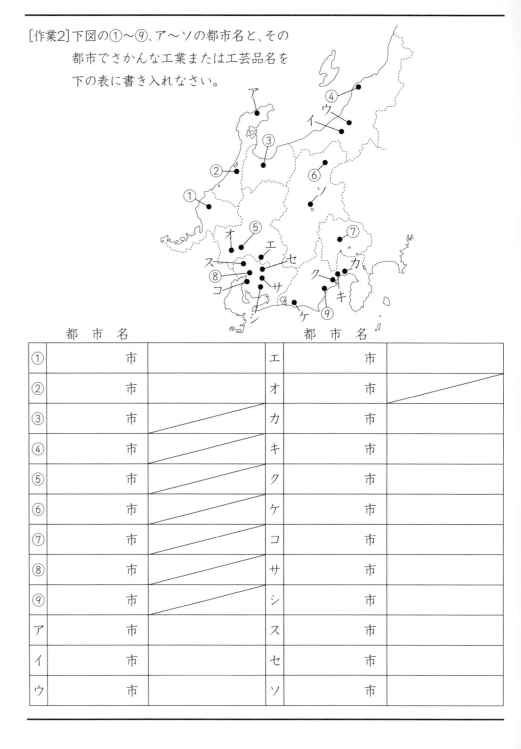

	都 市 名			都 市 名	
①	市		エ	市	
②	市		オ	市	
③	市		カ	市	
④	市		キ	市	
⑤	市		ク	市	
⑥	市		ケ	市	
⑦	市		コ	市	
⑧	市		サ	市	
⑨	市		シ	市	
ア	市		ス	市	
イ	市		セ	市	
ウ	市		ソ	市	

中部地方の交通

中部地方の行政区分

5. 中部地方の交通(地図帳参照p.35〜36・43〜48)

[作業1]下図の①〜⑧にあてはまる鉄道線名を下の空らんに書き、A〜Eの駅名を下図に書きなさい。

(1)鉄道

①	新幹線(東京〜新大阪)

②	新幹線(大宮〜新潟)

③	新幹線(高崎〜敦賀)

④	本線(東京〜神戸)

⑤	本線(東京〜名古屋)

⑥	本線(米原〜敦賀)

⑦	本線(高崎〜横川,篠ノ井〜長野,直江津〜新潟)

⑧	線(高崎〜宮内)

(2)高速道路

北陸自動車道　中央自動車道　関越自動車道　東名高速道路

新東名高速道路　名神高速道路　長野自動車道

上信越自動車道　東海北陸自動車道など

6. 中部地方の行政区分(地図帳参照p.35〜36・43〜44・47〜48・133)

[作業1]次の①〜⑨の地図の県名と県庁所在地名をそれぞれ漢字で書きなさい。また、中部地方の中で、面積の広い順と人口の多い順に、それぞれ第3位までの県名を書きなさい。

	県　　名	県庁所在地名	面積の広い県
①			1位
②			2位
③			3位
④			人口の多い県
⑤			1位
⑥			2位
⑦			3位
⑧			
⑨			

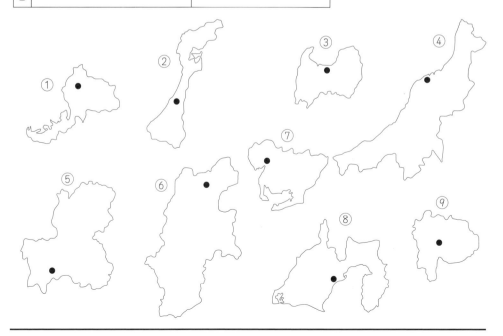

中部地方の形

7. 中部地方の島と半島の形(地図帳参照p.35〜38・43〜49)

[作業1]下図の消えている部分を書き入れ地図を完成させなさい。

中部地方の統計

8. 中部地方の統計

[作業1]統計資料を参考に下のグラフを完成させなさい。

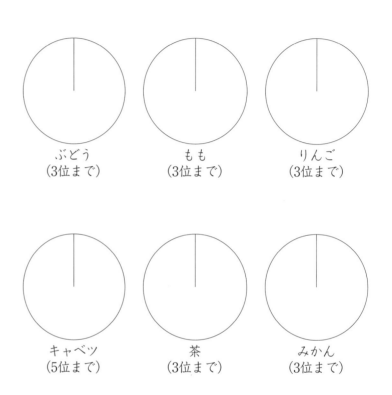

ぶどう
(3位まで)

もも
(3位まで)

りんご
(3位まで)

キャベツ
(5位まで)

茶
(3位まで)

みかん
(3位まで)

[作業2]中京工業地帯の工業製品生産(出荷額)の割合の帯グラフを作成しなさい。

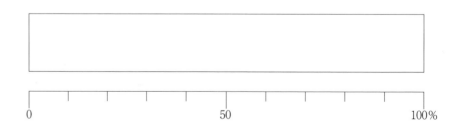

0   50   100%

関東地方の地形

1. 関東地方の地形(地図帳参照p.1・11〜12・51〜54)

[作業1]下図の①〜⑰にあてはまる地名を右の空らんに書きなさい。

[作業2] 下図のあ〜うにあてはまる国立公園名を右の空らんに書きなさい。

[作業3]下図のA〜Bにあてはまる数字を右の空らんに書きなさい。

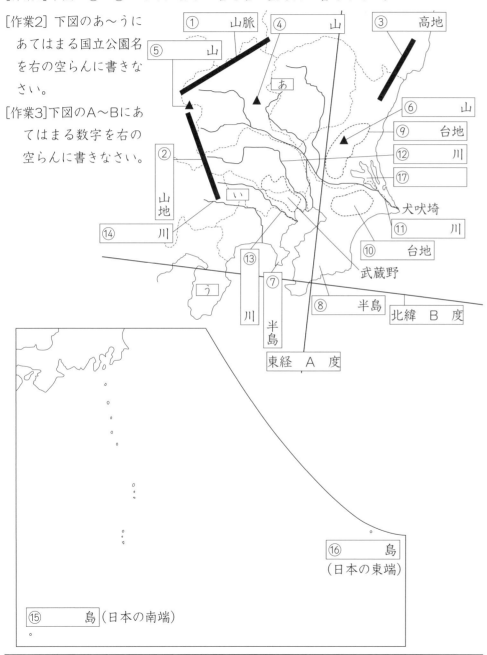

(1) 山地   ①[　　　　]山脈   ②[　　　　]山地

        ③[　　　　]高地

(2) 山   ④[　　　　]山   ⑤[　　　　]山

        ⑥[　　　　]山 箱根山

(3) 半島・岬   ⑦[　　　　]半島   ⑧[　　　　]半島 犬吠埼

(4) 平野   関東平野(関東ロームにおおわれる)

(5) 台地   武蔵野 ⑨[　　　　]台地   ⑩[　　　　]台地

(6) 川   ⑪[　　　　]川(長さ第2位・流域面積1位・坂東太郎といわれる)

        ⑫[　　　　]川   ⑬[　　　　]川

        ⑭[　　　　]川

(7) 島   伊豆大島(伊豆諸島) 小笠原諸島

        ⑮[　　　　]島(日本の南端)

        ⑯[　　　　]島(日本の東端)

(8) 湾・湖   ⑰[　　　　](面積で2位)

(9) 国立公園   あ[　　　　] 上信越高原   い[　　　　]

        小笠原 う[　　　　] 尾瀬

(10)経緯度   A[　　　　]度   B[　　　　]度

2. 関東地方の気候(地図帳参照p.18・51〜54・57)

[作業1]下の①〜⑤にあてはまる語句を下の空らんに書きなさい。

[作業2]右の雨温図の都市⑥〜⑧の位置を地図に番号で書きなさい。

[作業3]右の地図A〜Cにあてはまる語句を空らんに書きなさい。

(1)気候区分

　　三浦半島や① [　　　　　　　] 半島などの、関東地方の太平洋沿岸は、

② [　　　　　　　] の気候に区分される。この地域は③ [　　　　　　　]

(日本海流)の影響を受け、温暖で降水量も多い。また、関東地方の内陸部は、

④ [　　　　　　　] の気候に区分される。

　　都心部の夏は、冷房化がすすむ中、排出する熱気で都市の中心部ほど平均

気温が高くなる⑤ [　　　　　　　] 現象がみられる。

(2)気候の特色

　太平洋側の気候…暖流の黒潮(日本海流)の影響を受けて比較的温暖である。

　　　　　　　　　夏は太平洋からの南東の季節風の影響を受け、降水量が多い。

　　　　　　　　　冬は北西の季節風が吹き、晴れた日が続く。

　内陸の気候………内陸部の山に囲まれた地域で、降水量は少ない。

　　　　　　　　　夏と冬の気温の差、昼と夜の気温の差が大きい。

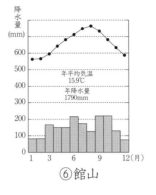
⑥館山

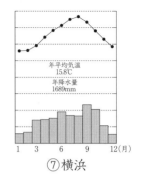
⑦横浜

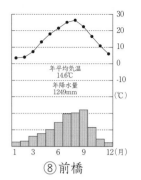
⑧前橋

[①] 半島の南部で
[②] の気候。
[③] 海流(暖流)の
影響で温暖。

[②] の気候。
都心部では近年 [⑤]
現象がみられる。

[④] の気候。
降水量は少なく、夏と冬の
気温の差、昼と夜の気温の
差が大きい。

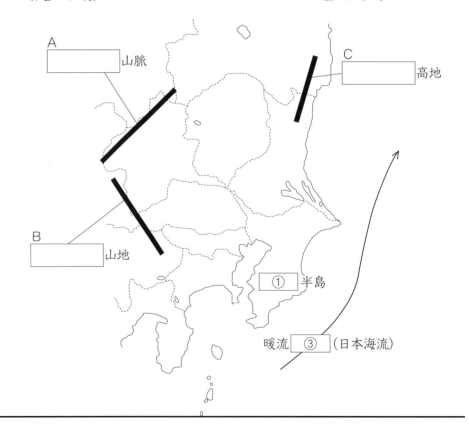

A [　　　　] 山脈

B [　　　　] 山地

C [　　　　] 高地

① 半島

暖流 ③ (日本海流)

関東地方の農林水産業

3. 関東地方の農林水産業(地図帳参照p.51〜54·57·60)

[作業1]下図の①〜⑧にあてはまる産物名を右の空らんに書き入れなさい。

[作業2]下図のア〜カにあてはまる語句・地名を右の空らんに書き入れなさい。

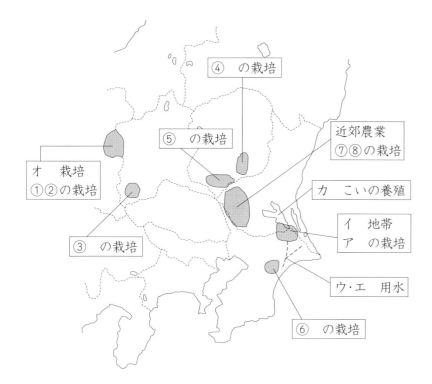

(1)農業

稲作…利根川下流では、台風をさけるため、ア□□□□が栽培される。

　　中心地…利根川下流の イ□□□□地帯

　　農業用水…ウ□□□□用水(利根川から九十九里平野に)

　　　　　　エ□□□□用水(利根川から下総台地に)

畑作…火山灰の関東ロームでおおわれた台地

　　水の便が悪いため、畑作中心

　　兼業農家が多く、近郊農業がさかん

　　作物…群馬県…夏のすずしさを利用した オ□□□□栽培(高冷地栽培)

　　　　　高原野菜の ①□□□□・②□□□□・

　　　　　はくさいの栽培

　　　　　③□□□□の栽培

　　栃木県…④□□□□・⑤□□□□の栽培

　　埼玉県…ほうれんそう

　　千葉県…⑥□□□□・ねぎ・トマトの栽培

　　茨城県…⑦□□□□・⑧□□□□の栽培

畜産………千葉県・群馬県…乳用牛

　　　　　茨城県・群馬県…ぶた

(2)水産業

　　漁港…銚子(千葉県)・三崎(神奈川県)　養殖(こい)…カ□□□□

4. 関東地方の都市と工業(地図帳参照p.51〜60)

[作業1]下の1〜11にあてはまる工業名を書きなさい。

(1) 都県庁所在地

　①東京23区

　②横浜市(神奈川県・政令指定都市・貿易港・¹[　　　　　　　　]・自動車)

　③千葉市(千葉県・政令指定都市・²[　　　　　　　　])

　④さいたま市(埼玉県・政令指定都市)　⑤水戸市(茨城県)

　⑥宇都宮市(栃木県)　⑦前橋市(群馬県)

(2) 工業都市

　神奈川県　⑧川崎市(政令指定都市)³[　　　　　　　]・⁴[　　　　　　　]

　千葉県　⑨市原市⁵[　　　　　　　]　⑩君津市⁶[　　　　　　　]

　　　　⑪銚子市　食品(しょうゆ)

　埼玉県　⑫秩父市⁷[　　　　　　]・伝統工業の⁸[　　　　　](絹織物)

　茨城県　⑬日立市⁹[　　　　　]

　　　　⑭鹿嶋市¹⁰[　　　　　]・¹¹[　　　　　]

(3) 工業地帯

　A　京浜工業地帯 ………… 生産(出荷額)で日本第5位の工業地帯

　　　　　　　　　　　　　重化学工業(機械工業)がさかん

　　　　　　　　　　　　　出版・印刷業がさかん

　B　京葉工業地域 ………… 化学工業と金属工業がさかん

　　　　　　　　　　　　　京浜工業地帯につながり、東京湾沿いに広がる

　C　鹿島臨海工業地域 …… かつて砂丘地帯、人工の掘り込み式の港をつくり鉄

　　　　　　　　　　　　　鋼業・石油化学工業を中心に発達

　D　関東内陸工業地域 …… 機械工業がさかん

　　　　　　　　　　　　　京浜工業地帯が内陸へ広がった

　　　　　　　　　　　　　養蚕地帯から発達

　E　常磐工業地域 ………… かつて銅鉱山があった日立が中心

　F　工業団地 …………… 関東地方の内陸部には、工業団地がつくられている

[作業2]下図に②〜⑭で示した都市名と、その都市でさかんな工業を、下の表に
　　　書き入れなさい。

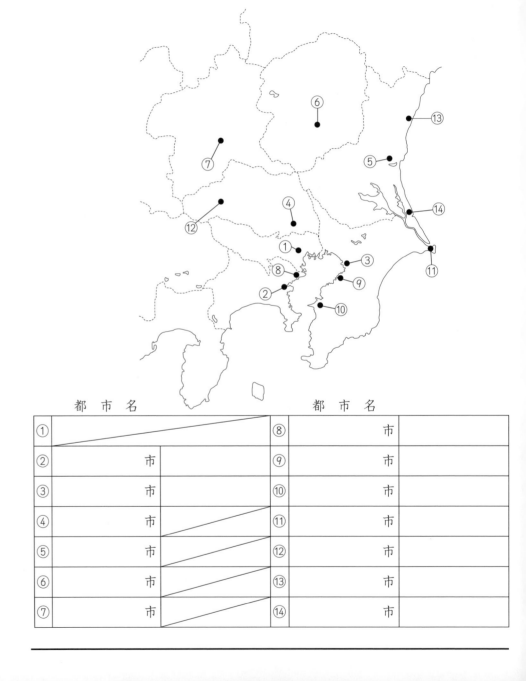

都市名			都市名		
①			⑧	市	
②	市		⑨	市	
③	市		⑩	市	
④	市		⑪	市	
⑤	市		⑫	市	
⑥	市		⑬	市	
⑦	市		⑭	市	

5. 関東地方の交通(地図帳参照p.51〜56)

[作業1]下図の①〜⑫にあてはまる語句を下の空らんに書き、A〜Dの駅名を下図に書きなさい。

(1) 鉄道

①	新幹線(東京〜新大阪)	②	新幹線(大宮〜新潟)
③	新幹線(東京〜新青森)	④	新幹線(高崎〜敦賀)
⑤	本線(東京〜神戸)	⑥	線(日暮里〜岩沼)
⑦	本線(上野〜盛岡)	⑧	本線(東京〜名古屋)
⑨	本線(東京〜銚子)	⑩	線(蘇我〜安房鴨川)

(2) 高速道路
　　東名高速道路　関越自動車道　東北自動車道　中央自動車道　常磐自動車道
　　東関東自動車道　上信越自動車道　東京外環自動車道　館山自動車道
　　北関東自動車道 など

(3) 東京湾アクアライン(東京湾横断道路)…神奈川県川崎市と千葉県木更津市を結ぶ

(4) 空港

| ⑪ | 空港(羽田) | ⑫ | 空港 |

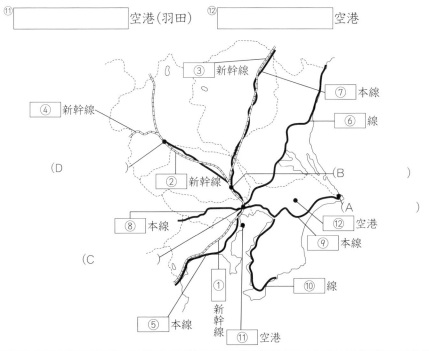

6. 関東地方の行政区分(地図帳参照p.51〜52・133)

[作業1] 次の①〜⑦の地図の都県名と都県庁所在地名をそれぞれ漢字で書きなさい(⑦の県庁所在地名はひらがな)。また、関東地方の中で、面積の広い順と人口の多い順に、それぞれ第3位まで都県名を書きなさい。

	都 県 名	都県庁所在地名	面積の広い都県
①			1位
②			2位
③			3位
④			人口の多い都県
⑤			1位
⑥			2位
⑦			3位

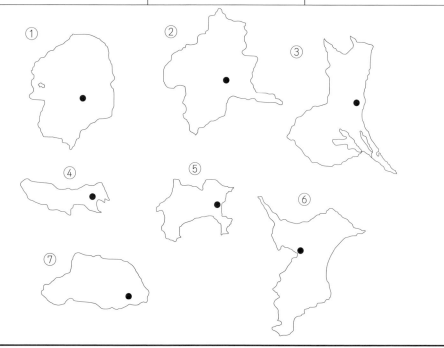

7. 関東地方の形(地図帳参照p.51〜52・57)

[作業1]下図の消えている部分を書き入れ地図を完成させなさい。

8. 関東地方の統計

[作業1]統計資料を参考に下の円グラフを完成させなさい。

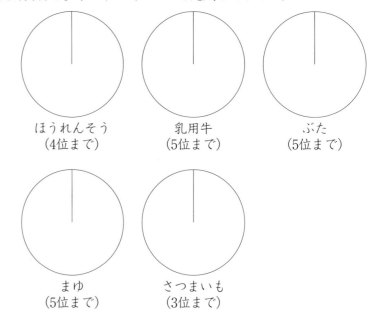

ほうれんそう
(4位まで)

乳用牛
(5位まで)

ぶた
(5位まで)

まゆ
(5位まで)

さつまいも
(3位まで)

[作業2]京浜工業地帯と京葉工業地域・関東内陸工業地域の工業製品生産(出荷額)の割合の帯グラフを作成しなさい。

京浜工業地帯

京葉工業地域

関東内陸工業地域

0　　　　　　　　　　　　50　　　　　　　　　　　100%

東北地方の地形

1. 東北地方の地形（地図帳参照p.11〜12・61〜66）

[作業1] 下図の①〜㉗、ア〜カにあてはまる地名を右の空らんに書きなさい。

[作業2] 下図のあ〜いにあてはまる国立公園名を右の空らんに書きなさい。

[作業3] 下図のA〜Cにあてはまる数字を右の空らんに書きなさい。

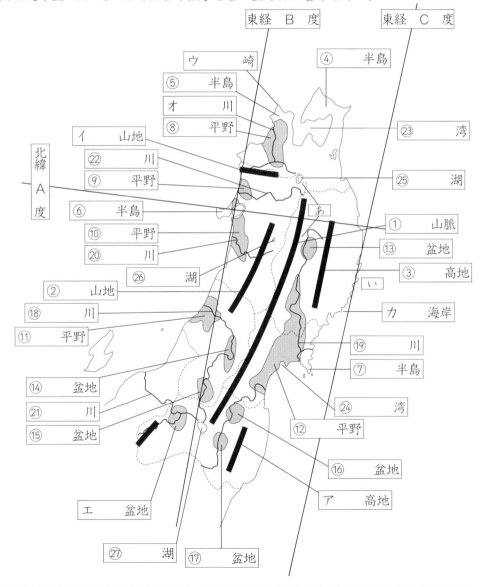

(1) 山地　　① ＿＿＿山脈　② ＿＿＿山地　③ ＿＿＿高地

　　　　　　ア ＿＿＿高地

　　　　　　イ ＿＿＿山地（世界自然遺産・ぶなの原生林）

(2) 半島・岬　④ ＿＿＿半島　⑤ ＿＿＿半島　⑥ ＿＿＿半島

　　　　　　⑦ ＿＿＿半島　ウ ＿＿＿崎

(3) 平野　　⑧ ＿＿＿平野　⑨ ＿＿＿平野　⑩ ＿＿＿平野

　　　　　　⑪ ＿＿＿平野　⑫ ＿＿＿平野

(4) 盆地　　⑬ ＿＿＿盆地　⑭ ＿＿＿盆地　⑮ ＿＿＿盆地

　　　　　　⑯ ＿＿＿盆地　⑰ ＿＿＿盆地　エ ＿＿＿盆地

(5) 川　　　⑱ ＿＿＿川（日本三大急流　下流は庄内平野）

　　　　　　⑲ ＿＿＿川（長さ第5位　流域面積第5位　下流は仙台平野）

　　　　　　⑳ ＿＿＿川（下流は秋田平野）

　　　　　　㉑ ＿＿＿川（猪苗代湖から越後平野へ流れる）

　　　　　　㉒ ＿＿＿川（下流は能代平野）

　　　　　　オ ＿＿＿川（津軽平野を流れる）

(6) 湾・湖　㉓ ＿＿＿湾（ほたて貝の養殖）　㉔ ＿＿＿湾（かきの養殖）

　　　　　　カ ＿＿＿海岸（リアス海岸）　㉕ ＿＿＿湖（カルデラ湖）

　　　　　　㉖ ＿＿＿湖（最も深い湖）　㉗ ＿＿＿湖

(7) 国立公園　磐梯朝日　あ ＿＿＿　い ＿＿＿　日光 尾瀬

(8) 経緯度　A ＿＿＿度　B ＿＿＿度　C ＿＿＿度

2. 東北地方の気候(地図帳参照p.18·61〜67)

[作業1]右の①〜⑥にあてはまる語句を下の空らんに書きなさい。

[作業2]右の雨温図の都市⑦〜⑨の位置を地図に番号で書きなさい。

(1) 気候区分

①[   ]山脈で日本海側の気候と太平洋側の気候に区分される。また、

越後山脈と①[   ]山脈にはさまれた内陸部は、②[   ]

の気候に区分される。夏と冬の気温の差、昼と夜の気温の差が大きい。

(2) 気候の特色

太平洋側の気候…夏に降水量が多いが、寒流の③[   ](千島海流)の

上空を吹いてくる冷たい北東風の④[   ]による冷

害を受けることがある。

日本海側の気候…冬は暖流の⑤[   ]海流と北西の季節風の影響で、

雪が多くなる。そのため、水田単作地域になっている。

内陸の気候………東北南部の会津盆地などの内陸部は、年間を通して降水量が少

なく、寒暖の差が大きい。夏は、かわいた暖かい風が盆地に吹

き込み気温を上げる⑥[   ]現象を受けやすい。

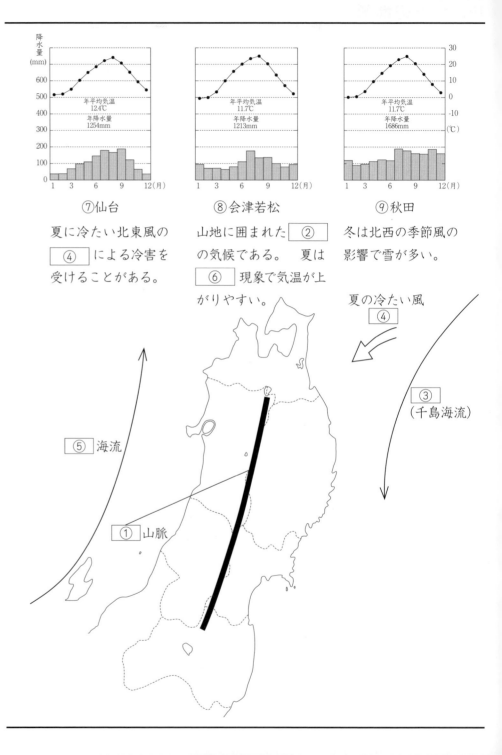

⑦仙台　　　　　　⑧会津若松　　　　　⑨秋田

夏に冷たい北東風の　山地に囲まれた ② 　冬は北西の季節風の
④ による冷害を　の気候である。　夏は　影響で雪が多い。
受けることがある。　⑥ 現象で気温が上
　　　　　　　　　　がりやすい。

夏の冷たい風 ④

③ (千島海流)

⑤ 海流

① 山脈

東北地方の農林水産業

3. 東北地方の農林水産業(地図帳参照p.61～68)

[作業1]下図の①～⑦にあてはまる産物名を右の空らんに書きなさい。

[作業2]下図のA～Gにあてはまる語句を右の空らんに書きなさい。

[作業3]下図のア～シにあてはまる地名を右の空らんに書きなさい。

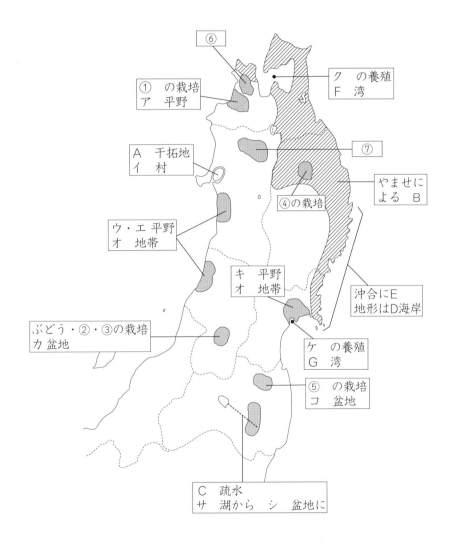

⑥

①　の栽培
ア　平野

ク　の養殖
F　湾

A　干拓地
イ　村

⑦

④の栽培

やませに
よる　B

ウ・エ平野
オ　地帯

キ　平野
オ　地帯

沖合にE
地形はD海岸

ぶどう・②・③の栽培
カ　盆地

ケ　の養殖
G　湾

⑤　の栽培
コ　盆地

C　疏水
サ　湖から　シ　盆地に

(1)農業

　稲作…東北地方は、米の地方別生産が、第1位(「日本の米倉」)

　　秋田県のA[　　　　　]　(イ([　　　　　])村)は、干拓で有名。

　　太平洋側は、やませの影響でB[　　　　　]を受けやすい。

　　中心地…ウ[　　　　]平野・エ[　　　　]平野・キ[　　　　]平野

　　　　　　　　　　　　　オ[　　　　]地帯

　　農業用水…C[　　　　]疏水(サ[　　　　]湖からシ[　　　　]盆地へ)

　畑作…果樹栽培がさかん

　　作物……青森県…①[　　　　]　(ア[　　　　]平野)

　　　　　　山形県…②[　　　　]　(カ[　　　]盆地)・西洋なし

　　　　　　(米沢盆地)ぶどう・③[　　　　]の栽培がさかん

　　　　　　岩手県…工芸作物の④[　　　　]

　　　　　　福島県…⑤[　　　　]・りんご(コ[　　　]盆地)

　林業…ひば・すぎの良材が産出される。

　　⑥[　　　　]・⑦[　　　　]は天然の三大美林にふくまれる。

　　⑥[　　　　]…岩木川上流　集散地　弘前市

　　⑦[　　　　]…米代川上流　集散地　能代市

(2)水産業

　　三陸海岸は、波が静かで天然の良港になるD[　　　　]海岸になっ

　ている。また、三陸海岸の沖にはE[　　　　]があり、よい漁場になっ

　ている。

　漁港…八戸(青森県)・石巻(宮城県)

　養殖…青森県…ク[　　　　]の養殖(F[　　　]湾)

　　　　宮城県…ケ[　　　　]の養殖(G[　　　]湾)

東北地方の都市と工業

4. 東北地方の都市と工業(地図帳参照p.61〜68)

[作業1]下の1〜6にあてはまる語句を書きなさい。

(1) 県庁所在地

　①青森市(青森県)　②秋田市(秋田県・製油・製紙パルプ)

　③山形市(山形県)　④盛岡市(岩手県・伝統工業の^1 [　　　　　])

　⑤仙台市(宮城県・政令指定都市・製油・製紙パルプ)

　⑥福島市(福島県)

(2) 工業都市

　青森県　ア 八戸市(水産加工・^{2} [　　　　　]・製紙パルプ)

　　　　　イ 弘前市(伝統工業の^3 [　　　　　])

　秋田県　エ 能代市(伝統工業の^4 [　　　　　])

　山形県　ウ 米沢市(伝統工業の米沢織)　オ 天童市(伝統工業の将棋の駒)

　宮城県　大崎市(鳴子)(伝統工業のこけし)

　福島県　カ いわき市(セメント・化学肥料・電気機械)

　　　　　キ 郡山市(化学せんい・電気機械)

　　　　　ク 会津若松市(伝統工業の^5 [　　　　　])

(3) 新産業都市

　八戸(八戸市)　仙台湾(仙台市・石巻市)

　常磐・郡山(いわき市・郡山市)　秋田湾(秋田市・男鹿市)

(4) シリコン・ロード

　東北自動車道ぞいの地域を中心に、IC工場の建設が進んでいる。これに対し、九州地方を^6 [　　　　　]という。

[作業2]右図に①〜⑥、ア〜クで示した都市名と、その都市でさかんな工業または伝統的工芸品名を、下の表に書き入れなさい。

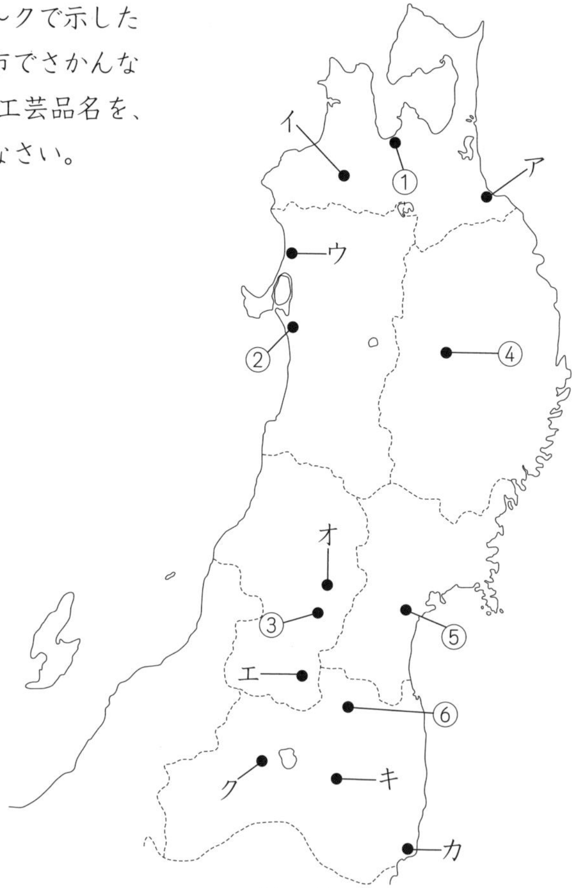

都　市　名			都　市　名	
①		イ		
②		ウ		
③		エ		
④		オ		
⑤		カ		
⑥		キ		
ア		ク		

東北地方の交通

5. 東北地方の交通(地図帳参照p.61〜66)

[作業1]下図の①〜⑧にあてはまる語句を下の空らんに書き、A〜Gの駅名を下図に書きなさい。

(1)鉄道

① ☐ 新幹線(東京〜新青森)
② ☐ 新幹線(福島〜新庄)
③ ☐ 新幹線(盛岡〜秋田)
④ ☐ 新幹線(新青森〜新函館北斗)
⑤ ☐ 本線(上野〜盛岡)
⑥ ☐ 本線(福島〜青森)
⑦ ☐ 線(日暮里〜岩沼)

(2)高速道路

東北自動車道　山形自動車道
八戸自動車道　磐越自動車道
秋田自動車道　常磐自動車道など

(3)海底トンネル

⑧ ☐ トンネル

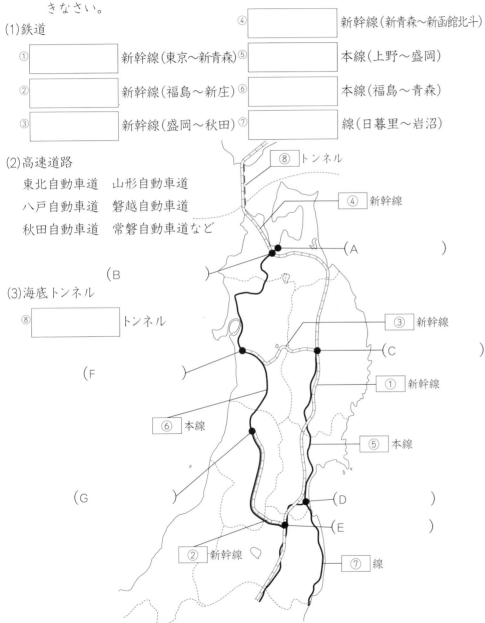

東北地方の行政区分

6. 東北地方の行政区分(地図帳参照p.61〜66・133)

(1)下の①〜⑥の地図の県名と県庁所在地名をそれぞれ漢字で書きなさい。また、東北地方の中で、面積の広い順と人口の多い順に、それぞれ第3位まで県名を書きなさい。

	県　名	県庁所在地名	面積の広い県
①			1位
②			2位
③			3位
④			人口の多い県
⑤			1位
⑥			2位
			3位

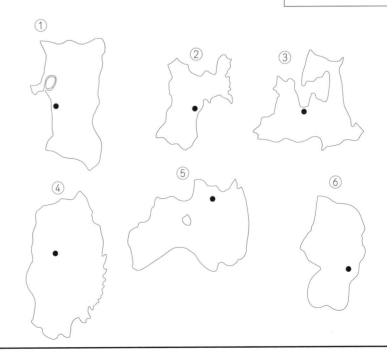

東北地方の形

7. 東北地方の島と半島の形(地図帳参照p.61〜67)

[作業1]下図の消えている部分を書き入れ地図を完成させなさい。

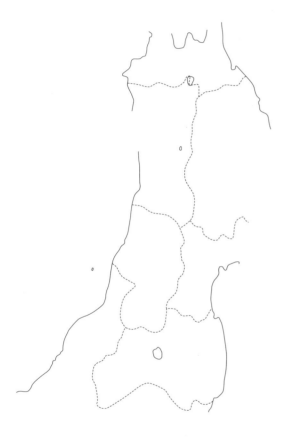

東北地方の統計

8. 東北地方の統計

[作業1]統計資料を参考に下の円グラフを完成させなさい。

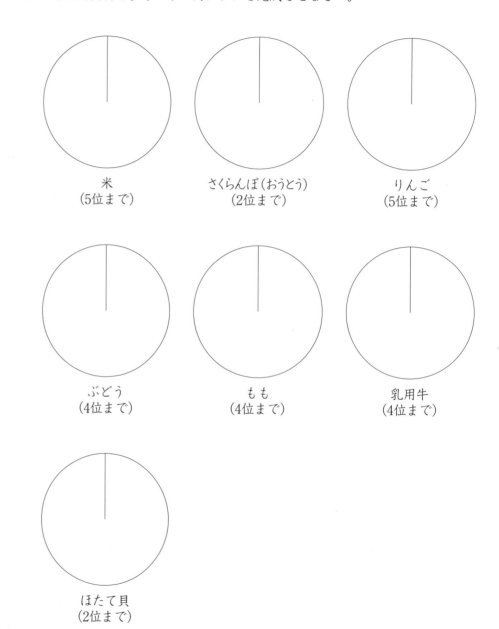

米
(5位まで)

さくらんぼ(おうとう)
(2位まで)

りんご
(5位まで)

ぶどう
(4位まで)

もも
(4位まで)

乳用牛
(4位まで)

ほたて貝
(2位まで)

北海道地方の地形

1. 北海道地方の地形(地図帳参照p.11～12・69～74)

[作業1]下図の①～㉑、ア～カにあてはまる地名を右の空らんに書きなさい。

[作業2]下図のあ～うにあてはまる国立公園名を右の空らんに書きなさい。

[作業3]下図のA～Dにあてはまる数字を右の空らんに書きなさい。

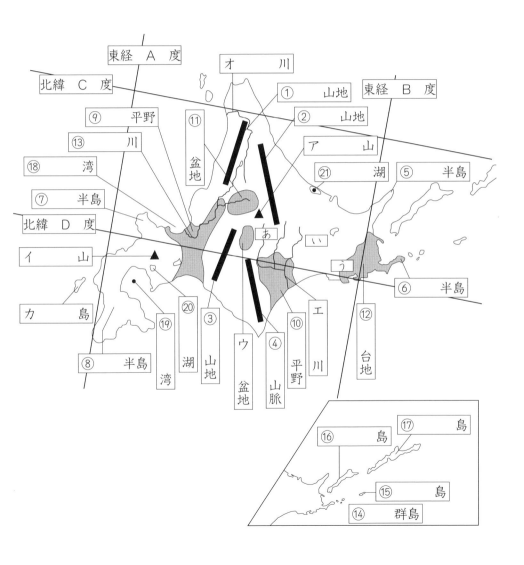

(1)山地 ① □ 山地　② □ 山地
　　　 ③ □ 山地　④ □ 山脈

(2)山 ア □ 山　イ □ 山

(3)半島 ⑤ □ 半島　⑥ □ 半島
　　　 ⑦ □ 半島　⑧ □ 半島

(4)平野 ⑨ □ 平野　⑩ □ 平野(火山灰地)

(5)盆地 ⑪ □ 盆地　ウ □ 盆地

(6)台地 ⑫ □ 台地(火山灰地)

(7)川 ⑬ □ 川(長さ第3位・流域面積 第2位・三日月湖)

　　 エ □ 川　オ □ 川

(8)島 北方領土⑭ □ 群島　⑮ □ 島

　　 ⑯ □ 島　⑰ □ 島　カ □ 島

　　 日本の北端は⑰ □ 島

(9)湾・湖 ⑱ □ 湾　⑲ □ 湾

　　　 ⑳ □ 湖(カルデラ湖)　㉑ □ 湖

(10)国立公園 利尻礼文サロベツ　あ □ 知床

　　 い □ 支笏洞爺

　　 う □ (日本最大の湿原を中心とした国立公園)

(11)経緯度 A □ 度 B □ 度 C □ 度 D □ 度

2. 北海道地方の気候(地図帳参照p.18・69〜75)

[作業1]下の①〜⑧にあてはまる語句を下の空らんに書きなさい。

[作業2]右の雨温図の都市⑨〜⑪の位置を地図に番号で書きなさい。

(1) 気候区分

　　北海道の気候区分は、全域が① [　　　　　　] の気候となっている。

　　また、日高山脈と② [　　　　　　] 山地、③ [　　　　　] 山地と

天塩山地にそれぞれはさまれた地域は、山に囲まれて降水量が少なく、夏と冬・

昼と夜の気温の差が大きいなどの、内陸性の特色をもっている。

　　2月ころより、④ [　　　　　] 海沿岸には⑤ [　　　　　] がおしよ

せる。また、寒流の⑥ [　　　　　] の影響で、東部の⑦ [　　　　　]

台地や十勝平野には、初夏から秋にかけ⑧ [　　　　　] が発生する。

⑧ [　　　　　] は日照をさえぎり、気温を下げてしまう。

(2) 気候の特色

　　北海道は、ほかの地方に比べて梅雨や台風の影響をあまり受けない地方である。

一年を通じて降水量が他の気候区より少ない。冬は長く、寒さがきびしい地方で、

冬の平均気温も0度を大きく下回る。

　　オホーツク海沿岸は、季節風の影響が少なく、北海道のなかでも降水量が最も少な

い。流氷の接岸で春先の気温が低くなる。

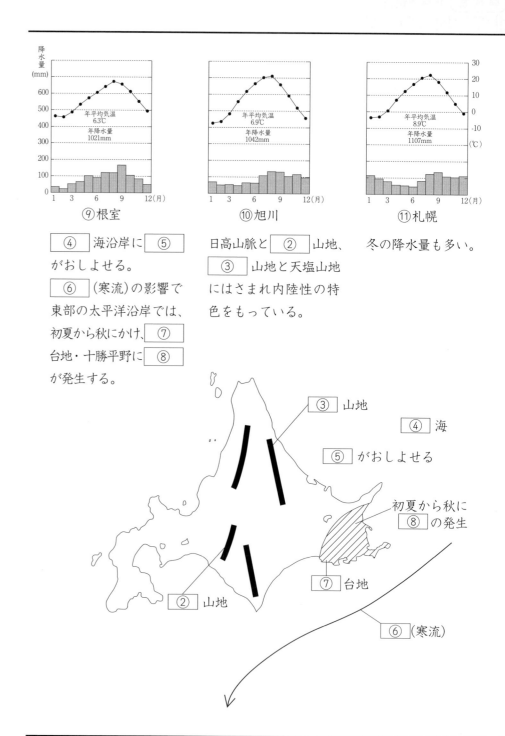

⑨根室　　　　　⑩旭川　　　　　⑪札幌

[④] 海沿岸に [⑤] がおしよせる。

[⑥] (寒流)の影響で東部の太平洋沿岸では、初夏から秋にかけ、[⑦] 台地・十勝平野に [⑧] が発生する。

日高山脈と [②] 山地、[③] 山地と天塩山地にはさまれ内陸性の特色をもっている。

冬の降水量も多い。

[③] 山地
[④] 海
[⑤] がおしよせる
初夏から秋に [⑧] の発生
[⑦] 台地
[②] 山地
[⑥] (寒流)

北海道地方の農林水産業

3. 北海道地方の農林水産業(地図帳参照p.69〜76)

[作業1]下図のA〜Iにあてはまる語句を右の空らんに
　　　書き入れなさい。

[作業2]下図のア〜キにあてはまる語句を右の空らんに
　　　書き入れなさい。

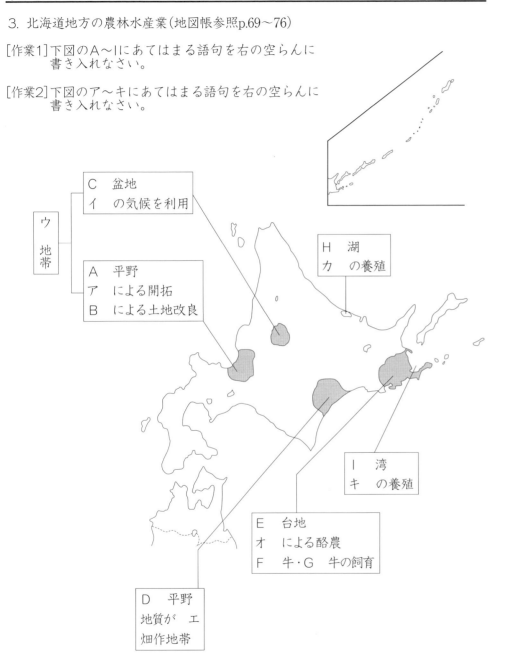

C　盆地
イ　の気候を利用

ウ
地
帯

A　平野
ア　による開拓
B　による土地改良

H　湖
カ　の養殖

I　湾
キ　の養殖

E　台地
オ　による酪農
F　牛・G　牛の飼育

D　平野
地質が　エ
畑作地帯

(1)農業

稲作…ウ[　　　　　　]地帯

　　約100年前から稲作が始まる。稲作ができない地域もある。

　　中心地…A[　　　　　]平野(ア[　　　　　　　]による開拓、

　　　　　　B[　　　　　　　]による土地改良)

　　　　　　C[　　　　　]盆地

　　　(夏が高温になるイ[　　　　　　　]の気候を利用)

畑作…大型機械による大規模農法

　　中心地…D[　　　　　]平野(地質がエ[　　　　　])

　　作物…じゃがいも　てんさい　小麦　大豆　だいこん　など

畜産…E[　　　　　]台地のオ[　　　　　　]による酪農

　　F[　　　　　]牛・G[　　　　　　]牛の飼育頭数は全国第1位

林業…えぞ松・とど松など針葉樹林が広がる

(2)水産業

200海里漁業水域の設定で、北洋漁業が不振になる。

漁港…釧路　紋別　広尾

養殖…H[　　　　　]湖・内浦湾…カ[　　　　　　]

　　I[　　　　　]湾…キ[　　　　　　]

4. 北海道地方の都市と工業(地図帳参照p.69〜76)

[作業1] 下の1〜8にあてはまる語句を書きなさい。

　北海道の工業は、地元の資源をもとに発達した。農産物・水産物が豊富なことから食料品工業の生産(出荷額)割合がもっとも高くなっている。えぞ松・とど松など針葉樹林が広がることから、製紙パルプ工業もさかんである。また、炭田があったことから、鉄鋼業も発達した。

(1) 工業都市

　①札幌市(道庁所在地・政令指定都市・ビールや乳製品などの食品工業)

　②苫小牧市(¹[　　　　　　　　]・製油・掘り込み式の人工港)

　③函館市(²[　　　　　　　]・水産加工・製油)

　④旭川市(³[　　　　　　　　　])　⑤釧路市(水産加工・⁴[　　　　　　　　])

　⑥室蘭市(⁵[　　　　　　　　]・製油)　⑦帯広市(⁶[　　　　　　　])

　⑧江別市(⁷[　　　　　　　])　⑨小樽市(⁸[　　　　　　　])

(2) 工業地域

　A　北海道の工業…………軽工業(食品・製紙パルプ)の占める割合が高い。

　　　　　　　　　　　　地元の資源を原料に発達した。

　B　新産業都市…………道央(苫小牧市・室蘭市・札幌市・江別市)

[作業2] 下図に①〜⑨で示した都市名と、その都市でさかんな工業を下の表に書き入れなさい。

	都　市　名			都　市　名	
①		市	⑥		市
②		市	⑦		市
③		市	⑧		市
④		市	⑨		市
⑤		市			

北海道地方の交通

5. 北海道地方の交通(地図帳参照p.69～74)

[作業1]下図の①～⑥にあてはまる語句を下の空らんに書きなさい。また、A～Gにあてはまる駅名を下図に書きなさい。

(1)鉄道

① [　　　　]　新幹線(新青森～新函館北斗)

② [　　　　]　本線(旭川～稚内)　　③ [　　　　]　本線(函館～旭川)

④ [　　　　]　本線(長万部～岩見沢)　⑤ [　　　　]　本線(滝川～根室)

本州と北海道は、⑥ [　　　　]トンネルで結ばれている。

(2)高速道路

札樽自動車道　道央自動車道　道東自動車道　十勝オホーツク自動車道など

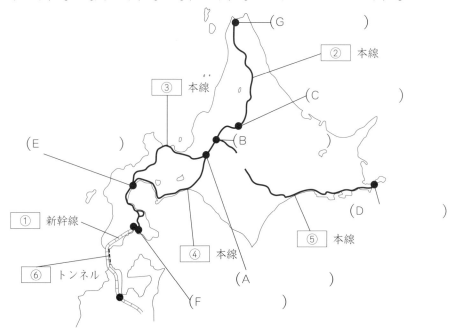

北海道地方の統計

6. 北海道地方の統計

(1)統計資料を参考に下のグラフを完成させなさい。

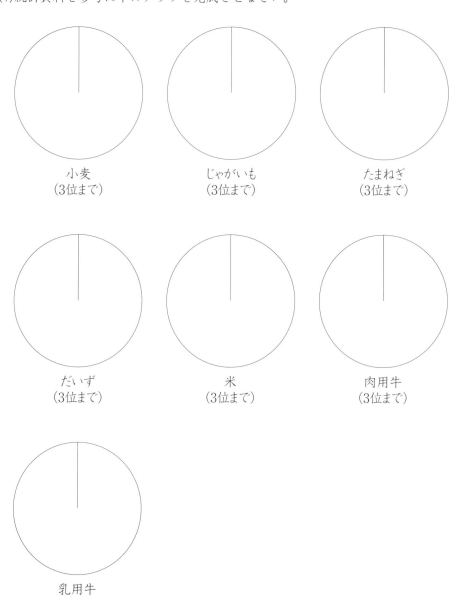

小麦
(3位まで)

じゃがいも
(3位まで)

たまねぎ
(3位まで)

だいず
(3位まで)

米
(3位まで)

肉用牛
(3位まで)

乳用牛
(3位まで)

(1) 右の①〜⑧は、地図中のA〜Hの断面図をあら
　　わしたものです。A〜Hにあてはまるものをそ
　　れぞれ答えなさい。

A	
B	
C	
D	
E	
F	
G	
H	

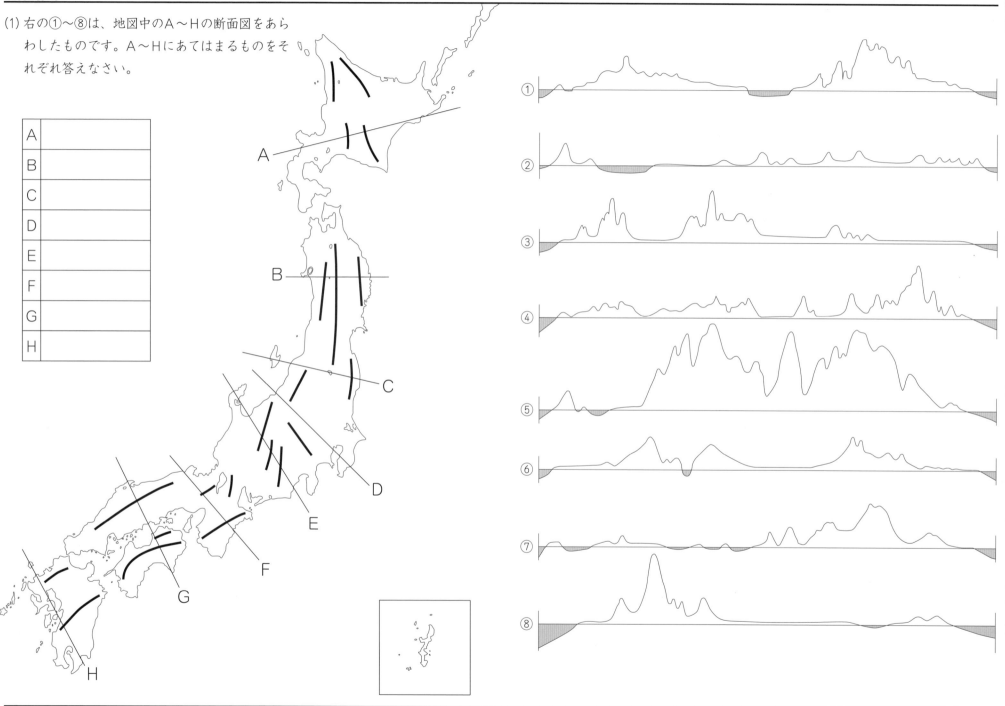

1. 日本の半島(地図帳参照p.11〜12、他)

[作業1] 下図の①〜⑪の半島を北から南に順に右表の空らんに番号で書きなさい。

[作業2] 下図の①〜⑪の半島名を右表の空らんに書きなさい。

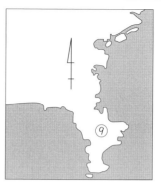

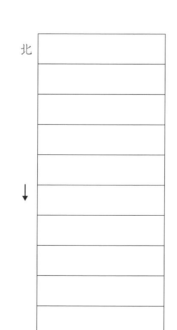

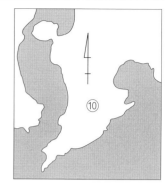

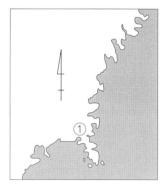

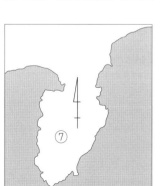

北

↓

南

①		⑦	
②		⑧	
③		⑨	
④		⑩	
⑤		⑪	
⑥			

2. 日本の半島(地図帳p.11〜12、他)

[作業1] 下図のあ〜たの地名を右表に書きなさい。

[作業2] 下図のA〜Hの湾名を右表に書きなさい。

[作業3] 下図の①〜⑤の半島名を下表に書きなさい。

[作業4] 下図の⑦〜⑪の川の名を下表に書きなさい。

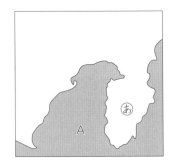
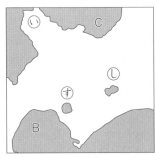

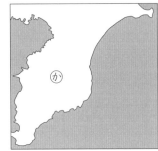

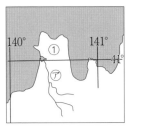
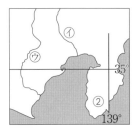
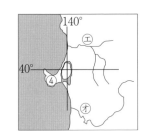

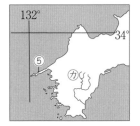

[作業1]

あ		け	
い		こ	
う		さ	
え		し	
お		す	
か		せ	
き		そ	
く		た	

[作業2]

A		E	
B		F	
C		G	
D		H	

[作業3]

①	
②	
③	
④	
⑤	

[作業4]

⑦	
⑦	
⑦	
⑦	
⑦	
⑦	
⑦	

1. 次の(1)～(17)は、右の地図中の河川の流域を示したものです。次ページの解答らんに、
　それぞれの河川名(1)～(17)と①～㊳までの地名や語句を書きなさい。

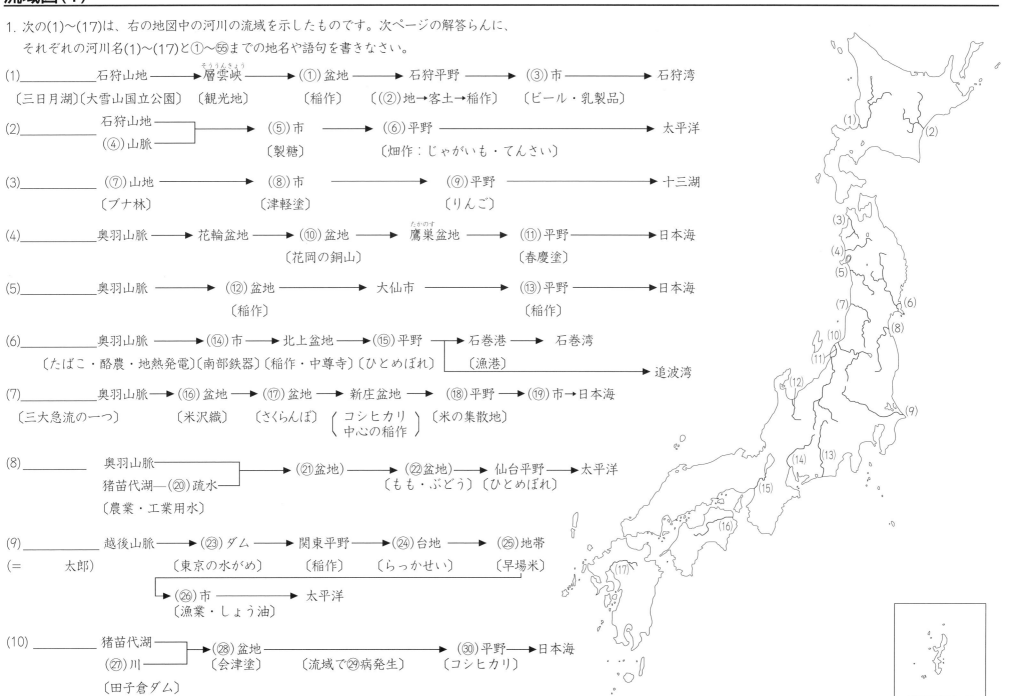

(1)＿＿＿＿＿　石狩山地 ——→ 層雲峡 ——→ （①）盆地 ——→ 石狩平野 ——→ （③）市 ——→ 石狩湾
　　　〔三日月湖〕〔大雪山国立公園〕〔観光地〕　　（稲作）　　〔（②）地→客土→稲作〕　〔ビール・乳製品〕

(2)＿＿＿＿＿　石狩山地 ———┐
　　　　　　　　（④）山脈 ———┴—→ （⑤）市 ——→ （⑥）平野 ———————————————→ 太平洋
　　　　　　　　　　　　　　　　　〔製糖〕　　　〔畑作：じゃがいも・てんさい〕

(3)＿＿＿＿＿　（⑦）山地 —————→ （⑧）市 ————————→ （⑨）平野 ——————→ 十三湖
　　　　　　　　〔ブナ林〕　　　　　〔津軽塗〕　　　　　　〔りんご〕

(4)＿＿＿＿＿　奥羽山脈 ——→ 花輪盆地 ——→ （⑩）盆地 ——→ 鷹巣盆地 ——→ （⑪）平野 ——→ 日本海
　　　　　　　　　　　　　　　　〔花岡の銅山〕　　　　　　　　　　〔春慶塗〕

(5)＿＿＿＿＿　奥羽山脈 —————→ （⑫）盆地 ——————→ 大仙市 ——————→ （⑬）平野 ——→ 日本海
　　　　　　　　　　　　　　　〔稲作〕　　　　　　　　　　　　　　〔稲作〕

(6)＿＿＿＿＿　奥羽山脈 ——→（⑭）市 ——→ 北上盆地 ——→（⑮）平野 ——→ 石巻港 ——→ 石巻湾
　　　〔たばこ・酪農・地熱発電〕〔南部鉄器〕〔稲作・中尊寺〕〔ひとめぼれ〕　　　　〔漁港〕
　　　　　　　　　　　　　　　　　　　　　　　　　　　　　　　└———————————→ 追波湾

(7)＿＿＿＿＿　奥羽山脈 ——→（⑯）盆地 ——→（⑰）盆地 ——→ 新庄盆地 ——→（⑱）平野 ——→（⑲）市→日本海
　　　〔三大急流の一つ〕　　　〔米沢織〕　　〔さくらんぼ〕　（ コシヒカリ ）　〔米の集散地〕
　　　　　　　　　　　　　　　　　　　　　　　　　　　　　　　　（ 中心の稲作 ）

(8)＿＿＿＿＿　奥羽山脈 ———┐
　　　　　　　猪苗代湖—（⑳）疏水 ——→（㉑盆地）——→（㉒盆地）——→ 仙台平野 ——→ 太平洋
　　　　　　　　　　　　　　　　　　　　　　　　　　〔もも・ぶどう〕〔ひとめぼれ〕
　　　〔農業・工業用水〕

(9)＿＿＿＿＿　越後山脈 ——→（㉓）ダム ——→ 関東平野 ——→（㉔）台地 ——→（㉕）地帯
　(＝　　　太郎)　　　　　　〔東京の水がめ〕　　〔稲作〕　　〔らっかせい〕　　〔早場米〕
　　　　　　　　　　　　　└——→（㉖）市 ———————→ 太平洋
　　　　　　　　　　　　　　　〔漁業・しょう油〕

(10)＿＿＿＿＿　猪苗代湖 ———┐
　　　　　　　　（㉗）川 ———┴—→（㉘）盆地 ———————→（㉚）平野 ——→ 日本海
　　　　　　　　　　　　　　　　〔会津塗〕　　〔流域で㉙病発生〕　〔コシヒカリ〕
　　　　　〔田子倉ダム〕

(11)＿＿＿＿＿＿ 関東山地－(千曲川)→佐久盆地 ━━→ (32)盆地 ━━→ 小千谷市
　　　　　　　　飛驒山脈－(犀川)→(31)盆地 ━━━━━━┘ 〔りんご〕　　　〔33〕

　　　　　　　　━━→ (34)平野 ━━→ 大河津分水路 ━━━━━━→ 日本海
　　　　　　　　　　　　〔コシヒカリ〕　　　〔乾田化〕

　　　　　　　　━━━━━━━━━━━━━━━━━━→ 日本海

(12)＿＿＿＿＿＿ 飛驒山脈 ━→ (35)鉱山 ━→ 富山市(婦中町) ━→ (37)平野 ━→ 富山市 ━→ 日本海
　　　　　　　　　　　　　　〔鉛〕　　〔36病の発生〕　　　　　　　〔38〕

(13)＿＿＿＿＿＿ (39)湖 ━━→ 伊那盆地 ━━→ (40)ダム ━━→ (41)市 ━→ 遠州灘
　　　　　　　　〔精密機械〕〔二十世紀なし〕〔発電・豊川用水〕〔楽器・オートバイ〕

(14)＿＿＿＿＿＿ 飛驒山脈 ━━━━━→ (42)平野 ━━━━━→ 海津市 ━━━━→ (44)湾
　　　　　　　　　　　　　　　　　　〔43の発達〕　　　〔のりの養殖〕

(15)＿＿＿＿＿＿ (45)湖―(瀬田川) ━━→ 宇治市―(宇治川) ━━→ (47)市 ━━→ 高槻市
　　　　　　　　〔あゆ〕　　　　　　　〔46〕　　　　〔西陣織・清水焼〕〔電気機器〕

　　　　　　　　━━→ 大阪市 ━━→ 大阪湾
　　　　　　　　　　　　　　　　〔48空港〕

(16)＿＿＿＿＿＿ (49)山地 ━━━━→ 大歩危・小歩危 ━━━━→ 池田ダム
　　(=　　三郎)〔こうぞ・みつまた〕　〔美しい峡谷〕　　　〔50用水〕

　　　　　　　　━━→ (51)平野 ━━━━→ 紀伊水道

(17)＿＿＿＿＿＿ くじゅう連山 ━━→ 日田盆地 ━━→ (52)市 ━━→ (53)平野
　　(=　　二郎)〔地熱発電所〕　〔しいたけ〕　〔ゴム・かすり〕　〔稲作〕

　　　　　　　　━━→ 柳川市 ━━→ (55)海
　　　　　　　　　　　〔54の発達〕　〔のりの養殖〕

(1)	
(2)	
(3)	
(4)	
(5)	
(6)	
(7)	
(8)	
(9)	
(10)	
(11)	
(12)	
(13)	
(14)	
(15)	
(16)	
(17)	

①	
②	
③	
④	
⑤	

⑥		㉛	
⑦		㉜	
⑧		㉝	
⑨		㉞	
⑩		㉟	
⑪		㊱	
⑫		㊲	
⑬		㊳	
⑭		㊴	
⑮		㊵	
⑯		㊶	
⑰		㊷	
⑱		㊸	
⑲		㊹	
⑳		㊺	
㉑		㊻	
㉒		㊼	
㉓		㊽	
㉔		㊾	
㉕		㊿	
㉖		51	
㉗		52	
㉘		53	
㉙		54	
㉚		55	

(1) 下の①〜㉔の地図は、日本の主な農産物の産地(おもに上位5県)を示したものです。それぞれにあてはまる農産物を次の(ア)〜(ネ)から選び、空らんに記号で書きなさい。

(ア) たまねぎ	(イ) レタス	(ウ) なす	(エ) ピーマン	(オ) きゅうり	(カ) キャベツ	(キ) はくさい	(ク) 米	(ケ) 小麦	(コ) じゃがいも
(サ) さつまいも	(シ) らっかせい	(ス) 茶	(セ) りんご	(ソ) もも	(タ) みかん	(チ) ぶどう	(ツ) 日本なし	(テ) かき(果実)	(ト) こんにゃくいも
(ナ) 乳用牛	(ニ) 肉用牛	(ヌ) ぶた	(ネ) にわとり（ブロイラー）						

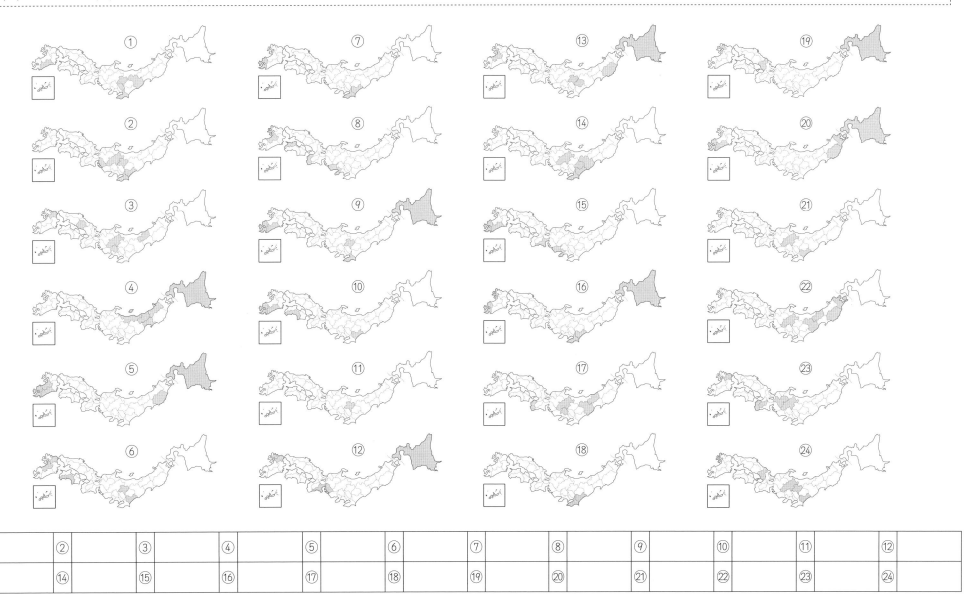

①		②		③		④		⑤		⑥		⑦		⑧		⑨		⑩		⑪		⑫	
⑬		⑭		⑮		⑯		⑰		⑱		⑲		⑳		㉑		㉒		㉓		㉔	

日本の工業

(1) 次の①～⑩の地域は、さまざまな工業のさかんな都市の分布図です。それぞれにあてはまるものを次の(ア)～(コ)から選びなさい。また、それぞれにあてはまる都市グループを語群のA～Jから選びそれぞれ空らんに記号で書きなさい。

> (ア) セメント　　(イ) 製紙パルプ　　(ウ) 造船　　(エ) 自動車　　(オ) IC工場　　(カ) 石油化学　　(キ) 鉄鋼業　　(ク) 原子力発電所　　(ケ) 化学せんい　　(コ) よう業(陶磁器)

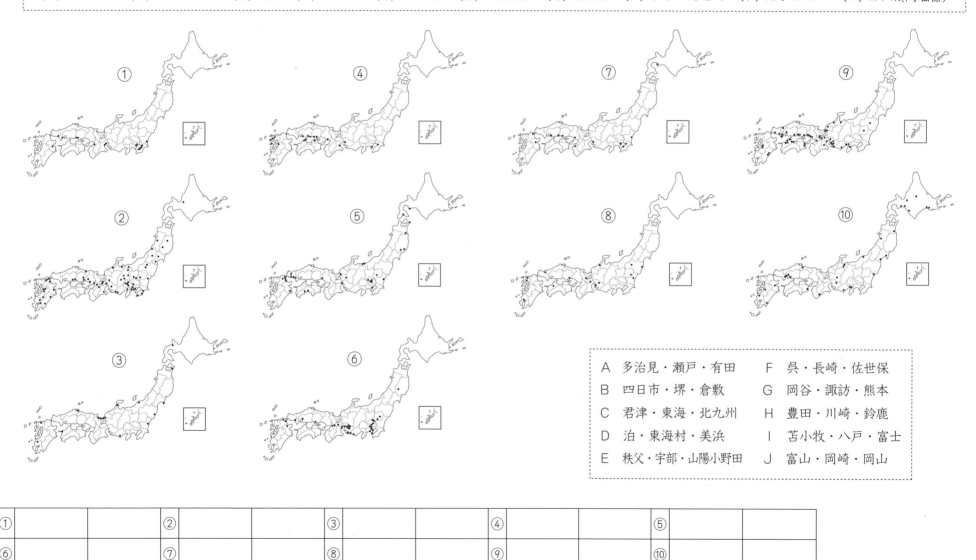

A 多治見・瀬戸・有田	F 呉・長崎・佐世保
B 四日市・堺・倉敷	G 岡谷・諏訪・熊本
C 君津・東海・北九州	H 豊田・川崎・鈴鹿
D 泊・東海村・美浜	I 苫小牧・八戸・富士
E 秩父・宇部・山陽小野田	J 富山・岡崎・岡山

①			②			③			④			⑤		
⑥			⑦			⑧			⑨			⑩			

(1) 経線と緯線

[作業1] 下図のA～Gにあてはまる数字を書きなさい。(地図帳参照p.1)

[作業2] 次の(1)～(22)にあてはまる都道府県名、(A)・(B)にあてはまる語句を書きなさい。

(地図帳参照p.19～20・23～24・27～28・35～36・43～44・47～48・51～52・61～62・69～70)

北緯34度線…西から東にたどると、山口県→(¹　　　　)→徳島県→

(²　　　　)→(³　　　　)→三重県を通過して、太平洋にでる。

北緯36度線…西から東にたどると、(⁴　　　　)→岐阜県→(⁵　　　　)→群馬

県→埼玉県→(⁶　　　　)→茨城県を通過して太平洋にでる。

北緯35度線…西から東にたどると、島根県→(⁷　　　　)→岡山県→

(⁸　　　　)→(⁹　　　　)→京都府→滋賀県→(¹⁰　　　　)→

愛知県→静岡県→(¹¹　　　　)を通過して太平洋にでる。

北緯38度線…西から東にたどると、(¹²　　　　)→(¹³　　　　)→宮城県を通

過して太平洋にでる。また、(A　　　　)島を通過している。

北緯40度線…西から東にたどると、(¹⁴　　　　)→(¹⁵　　　　)を通過して太

平洋にでる。また、干拓で有名な(B　　　　)を通過している。

東経140度線…南から北にたどると、千葉県→(¹⁶　　　　)→(¹⁷　　　　)→

福島県→(¹⁸　　　　)→秋田県→(¹⁹　　　　)→北海道を通過し

て、日本海にでる。

東経136度線…南から北にたどると、(²⁰　　　　)→三重県→(²¹　　　　)→

(²²　　　　)→滋賀県→福井県を通過し、日本海にでる。

[作業3] 次のA～Vに示した都市名(県庁所在地)を書きなさい。

(地図帳参照p.19～24・27～28・35～36・61～62)

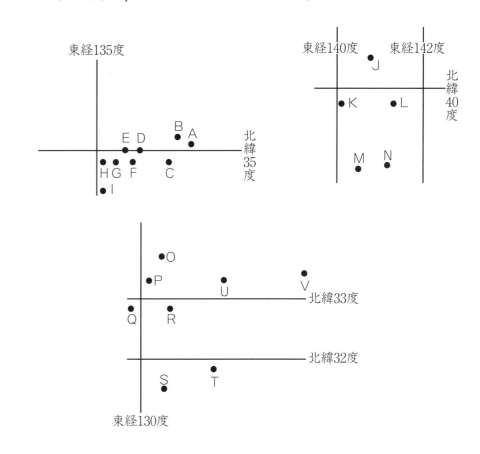

[作業4] 次のA～Dに示した都市名を書きなさい。(地図帳参照p.69～70)

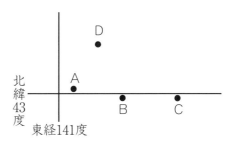

(1) 次の①〜⑨の資料は、わが国とおもな国の貿易のようすを示したものです。それぞれにあてはまる国名を答え、その位置を地図中のA〜Iからそれぞれ選びなさい。

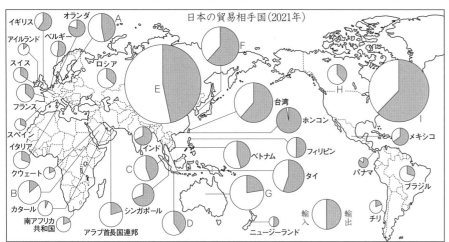

日本の貿易相手国(2021年)

①（　　　　　　）（　　　　　　）

輸　出		輸　入	
機械類	39.7%	機械類	22.7%
自動車	24.2	医薬品	9.7
自動車部品	6.1	液化石油ガス	5.6
科学光学機器	2.6	液化天然ガス	5.3
医薬品	1.9	肉　類	5.1

②（　　　　　　）（　　　　　　）

輸　出		輸　入	
自動車	58.8%	石　炭	32.7%
機械類	15.5	液化天然ガス	26.8
石油製品	7.3	鉄鉱石	18.8
タイヤ・チューブ	3.6	銅　鉱	4.5
自動車部品	1.8	肉　類	2.9

③（　　　　　　）（　　　　　　）

輸　出		輸　入	
機械類	31.5%	石　炭	14.7%
鉄　鋼	14.6	機械類	13.1
自動車部品	11.2	銅　鉱	8.7
自動車	4.3	液化天然ガス	4.9
無機化合物	3.7	天然ゴム	4.3

④（　　　　　　）（　　　　　　）

輸　出		輸　入	
機械類	42.3%	機械類	31.3%
自動車	6.1	液化天然ガス	24.6
鉄　鋼	5.9	衣　類	4.7
プラスチック	4.8	石油製品	2.9
石油製品	4.5	プラスチック	2.9

⑤（　　　　　　）（　　　　　　）

輸　出		輸　入	
機械類	44.6%	機械類	49.0%
プラスチック	6.1	衣　類	7.8
自動車	5.2	金属製品	3.6
科学光学機器	3.9	織物類	2.9
自動車部品	3.8	家　具	2.6

⑥（　　　　　　）（　　　　　　）

輸　出		輸　入	
機械類	37.0%	機械類	25.4%
鉄　鋼	8.7	石油製品	14.9
プラスチック	5.9	鉄　鋼	10.0
有機化合物	5.4	有機化合物	4.4
科学光学機器	4.2	プラスチック	4.2

⑦（　　　　　　）（　　　　　　）

輸　出		輸　入	
機械類	46.7%	機械類	25.9%
自動車	7.1	医薬品	20.7
有機化合物	5.4	自動車	17.7
科学光学機器	5.2	有機化合物	5.3
遊戯用具	4.2	科学光学機器	4.9

⑧（　　　　　　）（　　　　　　）

輸　出		輸　入	
自動車	40.2%	肉　類	11.3%
機械類	26.5	なたね	10.4
自動車部品	12.1	鉄鉱石	9.1
鉄　鋼	2.2	銅　鉱	8.1
タイヤ・チューブ	2.0	石　炭	8.1

⑨（　　　　　　）（　　　　　　）

輸　出		輸　入	
自動車	61.8%	原　油	91.7%
機械類	13.6	石油製品	3.7
鉄　鋼	4.9	有機化合物	1.5
自動車部品	4.1	アルミニウム	1.2
タイヤ・チューブ	3.3	銅くず	0.5

(2) 次のグラフ①〜⑧にあてはまる輸入品を、語群から選び空らんに書きなさい。

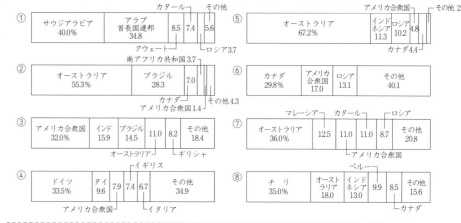

① | サウジアラビア 40.0% | アラブ首長国連邦 34.8 | カタール 8.5 | 7.4 | 5.6 | その他 | （クウェート／ロシア 3.7）
② | オーストラリア 55.3% | ブラジル 28.3 | 7.0 | | その他 4.3 | （南アフリカ共和国 3.7／カナダ／アメリカ合衆国 1.4）
③ | アメリカ合衆国 32.0% | インド 15.9 | ブラジル 14.5 | 11.0 | 8.2 | その他 18.4 | （オーストラリア／ギリシャ）
④ | ドイツ 33.5% | タイ 9.6 | 7.9 | 7.4 | 6.7 | その他 34.9 | （イギリス／アメリカ合衆国／イタリア）
⑤ | オーストラリア 67.2% | インドネシア 11.3 | ロシア 10.2 | 4.8 | その他 2.1 | （アメリカ合衆国／カナダ 4.4）
⑥ | カナダ 29.8% | アメリカ合衆国 17.0 | ロシア 13.1 | その他 40.1
⑦ | オーストラリア 36.0% | マレーシア 12.5 | カタール 11.0 | 11.0 | 8.7 | その他 20.8 | （ロシア／アメリカ合衆国）
⑧ | チリ 35.0% | オーストラリア 18.0 | インドネシア 13.0 | 9.9 | 8.5 | その他 15.6 | （ペルー／カナダ）

```
自動車　石炭　原油　銅鉱　鉄鉱石　液化天然ガス　綿花　木材
```

①	②	③	④

⑤	⑥	⑦	⑧

(3) 地図中の6種類の矢印は、何の輸入を示しているか。品名を下から選び、下表に記号で書きなさい。

ア 鉄鉱石　イ 原油　ウ 自動車
エ 小麦　オ だいず　カ 羊毛

⋯⋯▷		⋯⋯▷		── ▶	
―・―▶		⋯⋯▶		── ▶	

地形図・地勢図

[作業1] 下のA～Fの地形図と地勢図が示す地形を空らんに書きなさい。(地図帳参照p.13～14)

A (　　　　　　　　　　　　　　)

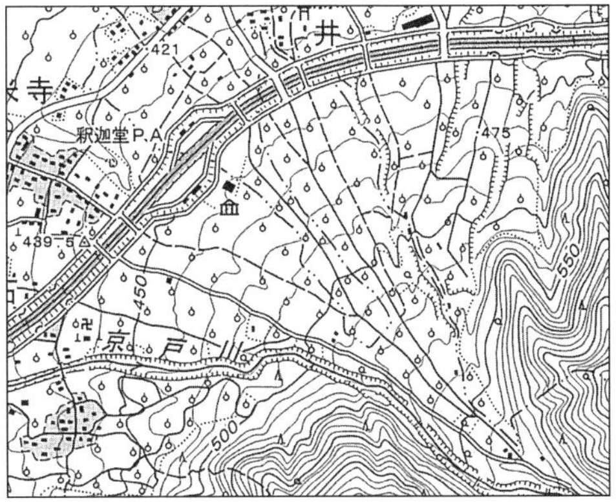

B (　　　　　　　　　　　　　　)

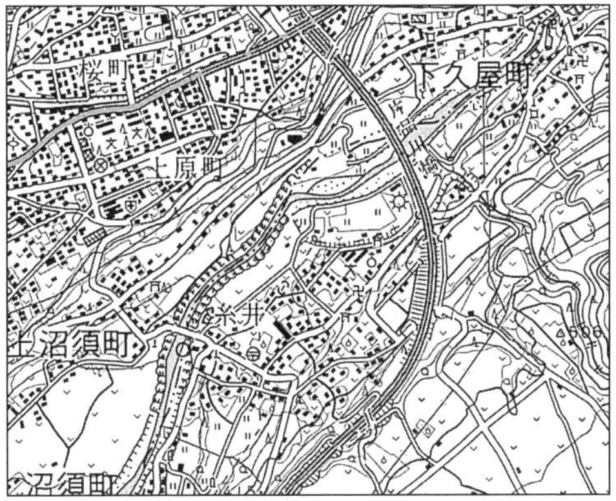

C (　　　　　　　　　　　　　　)

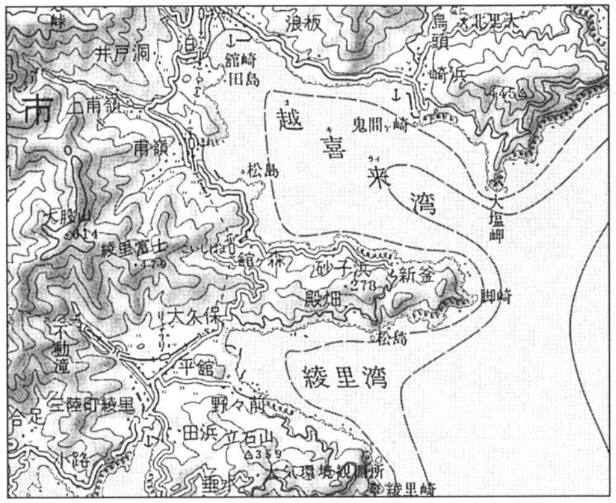

D (　　　　　　　　　　　　　　)

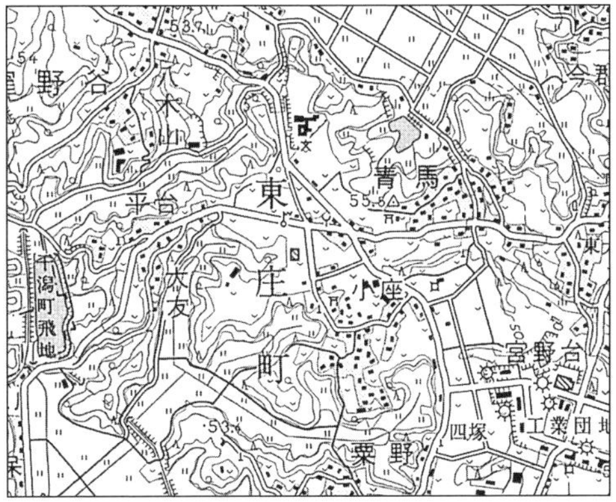

E (　　　　　　　　　　　　　　)

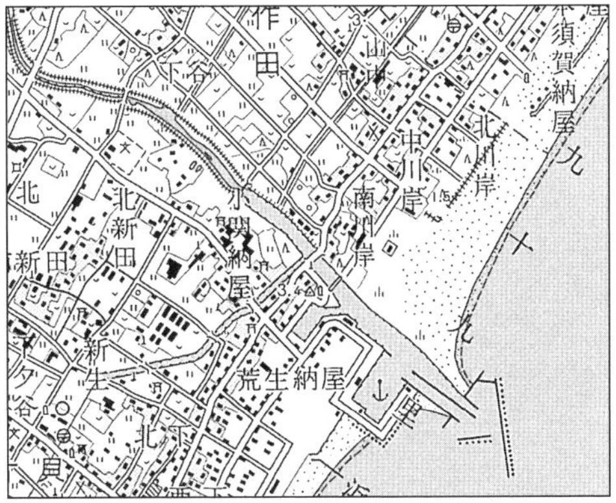

F (　　　　　　　　　　　　　　)

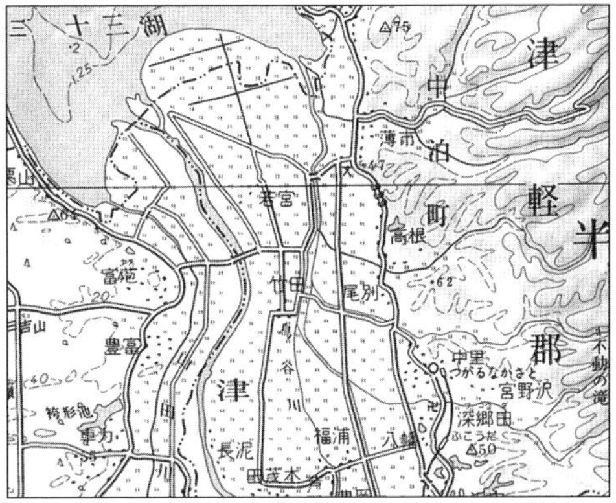

[作業2] 下の地形図にはA・B・Cの湖があります。このような形の湖を何といいますか。

　　　　　　　　　　湖

　　また、A～B間が地図上で3cmのとき、実際の距離は何mですか。　　　　　　　　m

[作業3] 下の地形図の①～⑬は何を示す地図記号か下表に書きなさい。

5万分の1　地形図

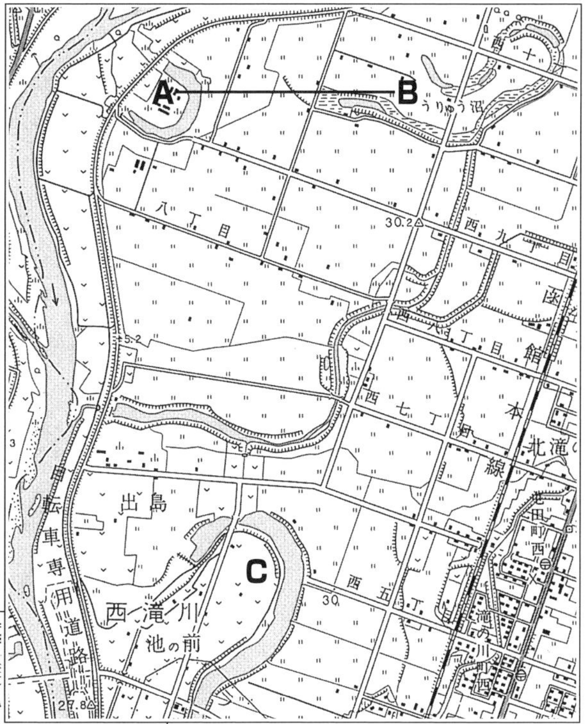

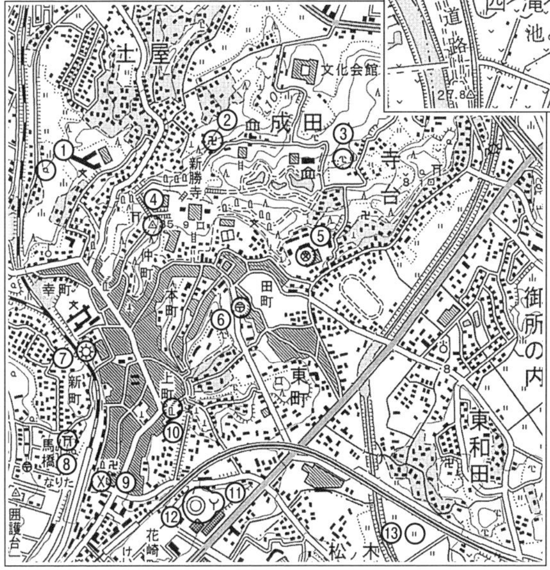

①	
②	
③	
④	
⑤	
⑥	

⑦	
⑧	
⑨	
⑩	
⑪	
⑫	
⑬	

[作業1]下と右上の地形図の新・旧を見比べ、地形の変化や土地利用の変化を考えてみましょう。

新
旧

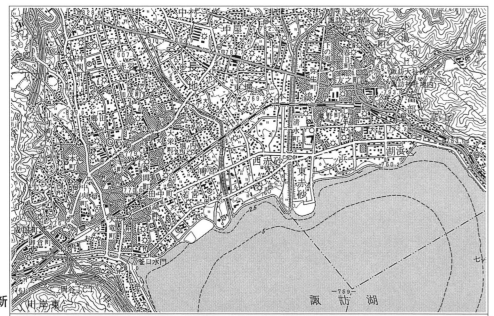

新

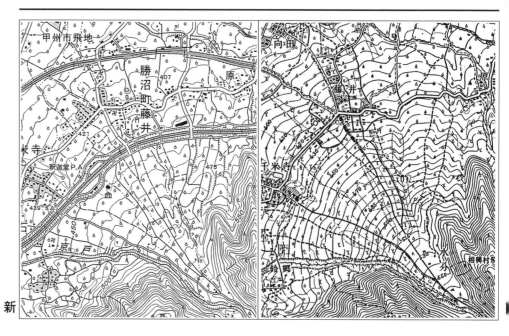

[作業2] 城下町と門前町の地形図を見比べ、ちがいを考えてみましょう。

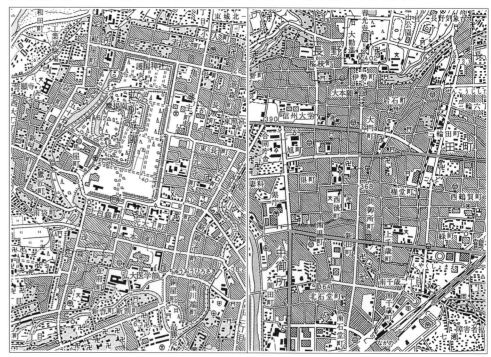

白地図自由作業—日本周辺図—

白地図自由作業—日本のまわりの国々—

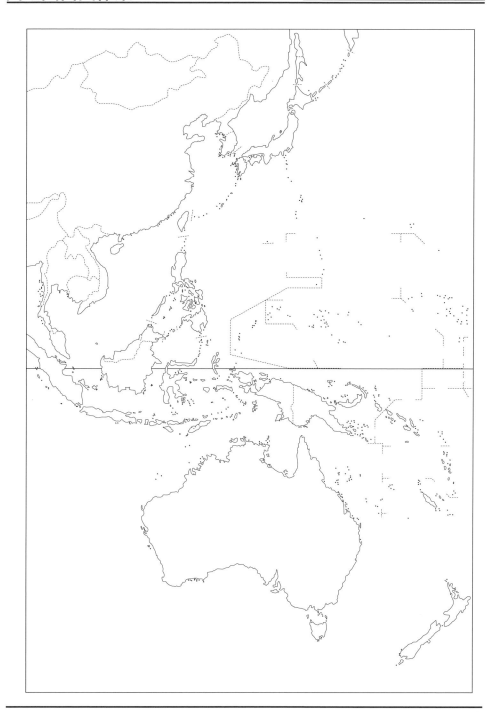

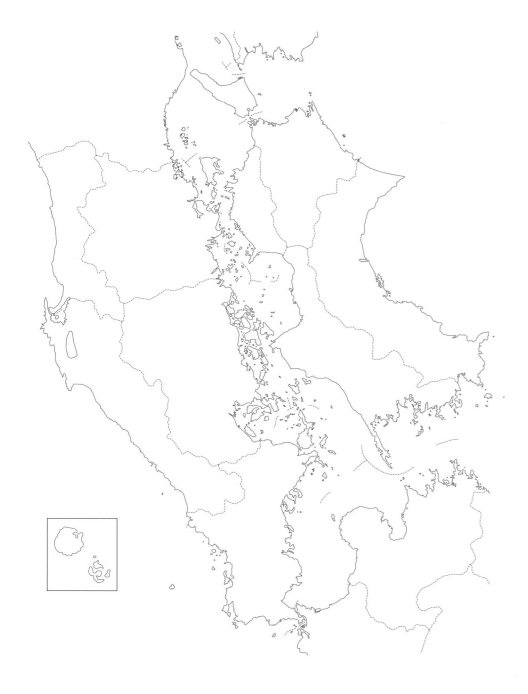

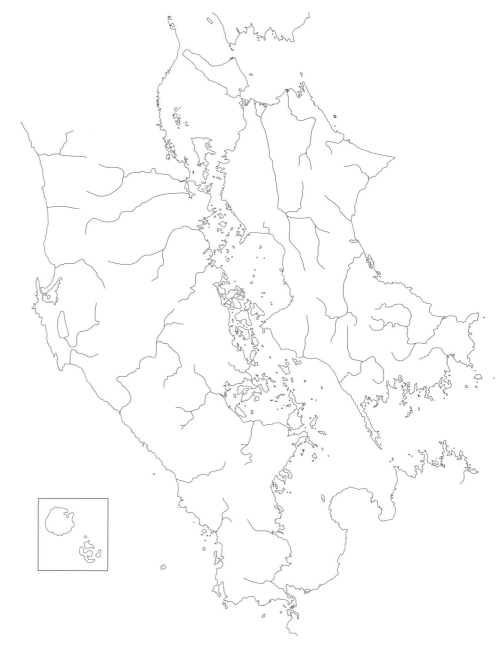

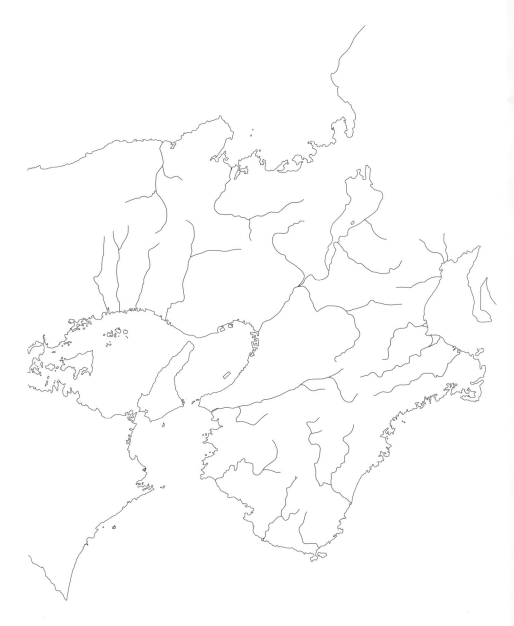

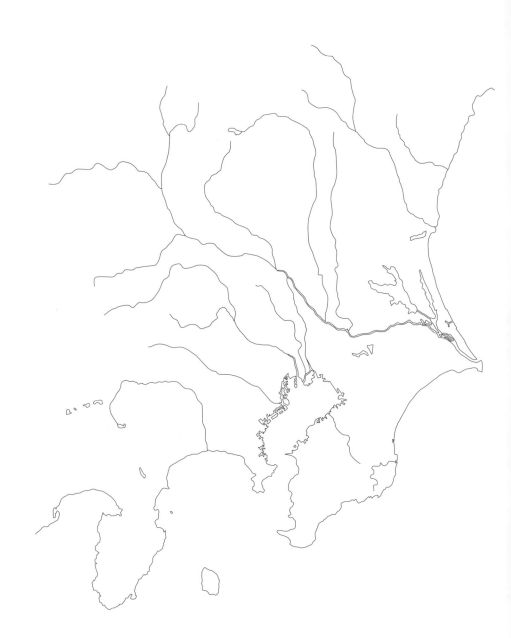

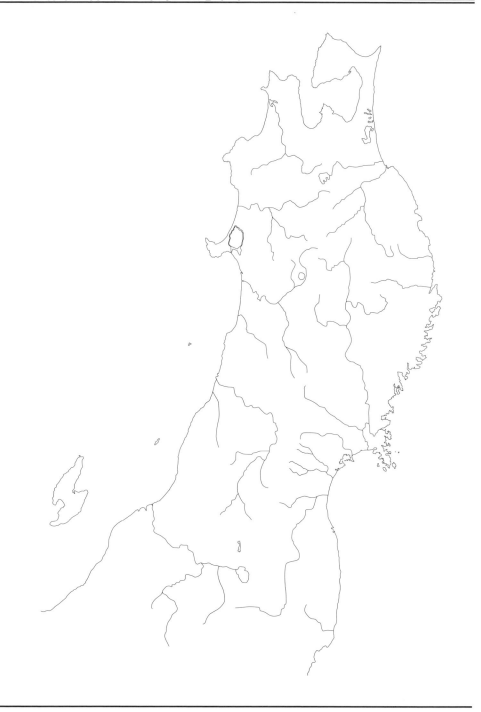

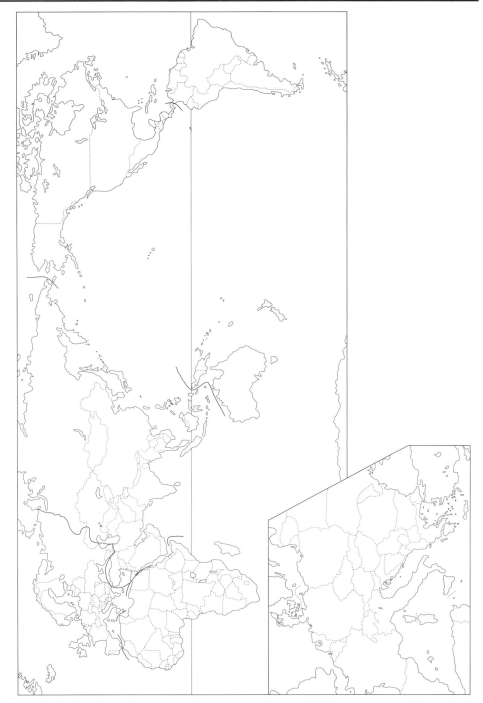

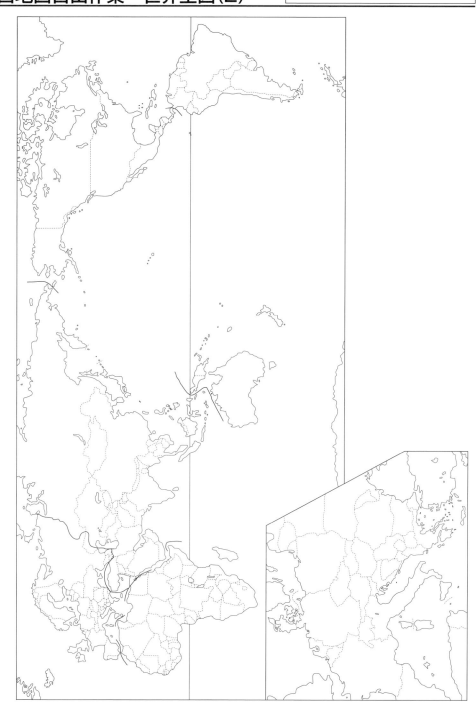

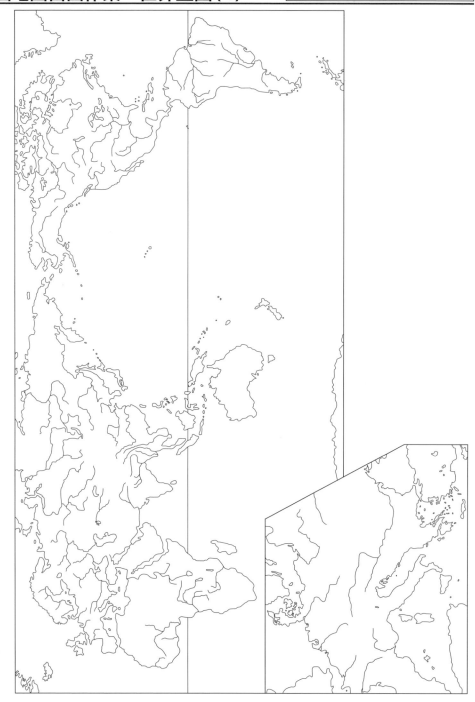

小学校総復習社会科白地図　初訂版
解答と統計資料

※解答と統計資料は，ミシン目で本体から切り離してご使用になれます。

解 答

1

P.21 1. (1)※グラフ省略 2. (1) ①温暖多雨②食糧管理制度③自主流通米④転作⑤休耕⑥減反⑦輸入自由⑧稲⑨単作⑩二毛 (2) A東北B関東（山梨・長野を含む）C北陸D北海道①東北②北陸③米倉 (3) 1新潟2北海道3秋田4山形5宮城

P.22 2. (4) ①上川盆地②石狩平野③秋田平野④庄内平野⑤仙台平野⑥越後平野⑦関東平野⑧長野盆地⑨富山平野⑩濃尾平野⑪伊勢平野⑫近江盆地⑬播磨平野⑭岡山平野⑮出雲平野⑯広島平野⑰讃岐平野⑱高知平野⑲筑紫平野⑳熊本平野㉑宮崎平野㉒八代平野 米の銘柄=③あきたこまち④はえぬき⑤ひとめぼれ⑥コシヒカリ ①近郊②コールドチェーン③フェリー④ビニールハウス⑤促成⑥抑制⑦みかん⑧りんご⑨オレンジ⑩小麦⑪だいず⑫アメリカ合衆国⑬工芸作物⑭い草⑮てんさい⑯さとうきび⑰酪農⑱にわとり⑲ブロイラー

P.23 (1) ①浅間山②八ヶ岳③房総④久能⑤渥美⑥高知⑦宮崎 (2)1. ①北海道②福岡③佐賀④愛知⑤三重 2. ①北海道②鹿児島③長崎④茨城⑤千葉

P.24 3. ①鹿児島②茨城③千葉 4. ①北海道②佐賀③兵庫 5. ①茨城②宮崎③鹿児島④高知 6. ①宮崎②群馬③埼玉④福島⑤千葉

P.25 7. ①群馬②愛知③千葉④茨城⑤長野 8. ①長野②茨城③群馬④長崎⑤兵庫 9. ①青森②長野③岩手④山形⑤福島 10. ①和歌山②愛媛③静岡④熊本⑤長崎

P.26 11. ①千葉②茨城③栃木④長野⑤福島 12. ①山形②北海道 13. ①山梨②長野③岡山④山形⑤福岡 14. ①山梨②福島③長野④山形⑤和歌山

P.27 15. ①熊本 16. ①静岡②鹿児島③三重④宮崎 17. ①熊本②宮崎③青森④岩手⑤沖縄 18. ①北海道②栃木③熊本④岩手⑤群馬

P.28 19. ①北海道②鹿児島③宮崎④熊本⑤岩手 20. ①鹿児島②宮崎③北海道④群馬⑤千葉 21. ①鹿児島②宮崎③岩手④青森⑤北海道 22. ①茨城②千葉③鹿児島④広島⑤愛知

P.29 (1) ①根釧、パイロットファーム②石狩、客土③八郎潟、干拓④信濃、暗きょ排水⑤郡山、かんがい⑥富山、流水客土⑦鳥取、スプリンクラー⑧児島、干拓⑨讃岐、ため池・用水⑩筑後、クリーク⑪笠野原、かんがい⑫有明、干拓 ①安積疏水、猪苗代湖、郡山盆地②両総用水、利根川、下総台地③玉川上水、多摩川④野火止用水、玉川上水⑤箱根用水、芦ノ湖、裾野市⑥豊川用水、豊川、渥美半島⑦明治用水、矢作川、岡崎平野⑧愛知用水、木曽川、知多半島⑨琵琶湖疏水、琵琶湖、京都盆地⑩香川用水、吉野川、讃岐平野

P.30 1. (1)※グラフ省略 11.6 0.8 66.2 21.4 ①433②3.8③集約的 (2)※グラフ省略 20.8 14.6 64.6 ④農業所得が農家所得の50%以上の⑤農外所得が主の (3)①米②畜産③野菜④くだもの⑤工芸作物 (4)①米②大麦・はだか麦③小麦④だいず

P.31 (1) 2010～2022 米=新潟、北海道、秋田 小麦=北海道、福岡、佐賀 大麦=佐賀、栃木、福岡 さつまいも=鹿児島、茨城、千葉 じゃがいも=北海道、鹿児島、長崎 だいず=北海道、宮城、秋田 だいこん=千葉、北海道、青森 キャベツ=群馬、愛知、千葉 はくさい=茨城、長野 レタス=長野、茨城、群馬 トマト=熊本、北海道、愛知 ピーマン=茨城、宮崎、鹿児島 なす=高知、熊本、群馬 たまねぎ=北海道、佐賀、兵庫 きゅうり=宮崎、群馬、埼玉 いちご=栃木、福岡、熊本 すいか=熊本、千葉、山形 みかん=和歌山、愛媛、静岡 りんご=青森、長野、岩手 ぶどう=山梨、長野、岡山 もも=山梨、福島、長野 日本なし=千葉、茨城、栃木 茶=静岡、鹿児島、三重 こんにゃくいも=群馬 い草=熊本 たばこ=熊本、宮崎、青森 乳用牛=北海道、栃木、熊本 肉用牛=北海道、鹿児島、宮崎 ぶた=鹿児島、宮崎、北海道 にわとり（ブロイラー）=鹿児島、宮崎、岩手 採卵鶏（たまご）=茨城、千葉、鹿児島 (2) 2021 ぶり類=鹿児島、愛媛 のり=佐賀、兵庫 真珠=長崎、愛媛 ほたて貝=青森、北海道 かき=広島、宮城 うなぎ=鹿児島、愛知 (3) 2019 さけ・ます、まぐろ、えび、いか、かに (4) 2020 中国、インドネシア、ペルー、インド、ロシア

P.32 (1)①3 ②①針葉樹 広葉樹③建築 パルプ 紙④59 カナダ、アメリカ合衆国、ロシア (2)①酸素 空気②すみか③森林浴④洪水 緑 (3) ①青森、ひば②秋田、すぎ③木曽、ひのき④天竜、すぎ⑤吉野、すぎ⑥尾鷲、ひのき⑦白神山地、ぶな⑧屋久島、すぎ

P.33 (1) ①沖合②遠洋③沿岸 8(2020)1. 石油危機 2.200海里 (1) ①稚内②釧路③八戸④石巻⑤銚子⑥清水⑦焼津⑧境⑨土佐清水⑩長崎⑪枕崎 (2) ①銚子②釧路③焼津④石巻⑤境

P.34 (1) ア.はえなわ イ.トロール ウ.まき網 エ.一本づり (2) ①すけとうだら、北洋②まぐろ、南太平洋（まぐろ） (1) 養しょく さいばい (2) Aさけ・ます Bまぐろ ①サロマ、ほたて貝②陸奥、ほたて貝③松島、かき・わかめ・のり④佐久、こい⑤浜名、うな

ぎ⑥志摩、真珠⑦琵琶、あゆ⑧大和郡山、きんぎょ⑨広島、かき⑩はまち⑪有明、のり⑫大村、真珠

P.35 (1) ①原油(石油) 新潟、秋田 ※グラフ省略 ②石炭、北海道 ※グラフ省略 ③鉄鉱石 ※グラフ省略 ④銅鉱石、秋田 ※グラフ省略 ⑤天然ガス 新潟、千葉、パイプライン ※グラフ省略 ⑥木材、ひば、すぎ、ひのき ※グラフ省略

P.36 (2) ①ボーキサイト②綿花③羊毛④天然ゴム Aオーストラリア Bインドネシア Cアメリカ合衆国 Dブラジル E中国 Fタイ (3) ①石灰石、山口、秋吉台 ②硫化鉱 まとめ=石灰石、硫化鉱①人形②鹿児島③六ヶ所

P.37 1. (1) ＜特色＞①3②2③沿岸 ＜都市＞①室蘭②鹿嶋③千葉④君津⑤川崎⑥東海⑦和歌山⑧姫路⑨倉敷⑩福山⑪呉⑫北九州⑬大分 2. (1) ＜特色＞①3③内陸②貿易摩擦 ＜都市＞①太田②上尾③狭山④日野⑤藤沢⑥横須賀⑦浜松⑧豊田⑨鈴鹿⑩広島⑪府中

P.38 3. (1) ＜特色＞①3②瀬戸内海 ＜都市＞①函館②横浜③横須賀④津⑤舞鶴⑥神戸⑦玉野⑧尾道⑨呉⑩坂出⑪下関⑫佐世保⑬長崎 4. (1) ＜特色＞②ナフサ③沿岸④コンビナート ＜都市＞①鹿嶋②市原③袖ケ浦④川崎⑤四日市⑥堺⑦倉敷(水島)⑧岩国⑨周南(徳山)⑩大分

P.39 5. (1) ②カナダ、アメリカ合衆国、ブラジル①釧路②苫小牧③旭川④八戸⑤富士⑥米子⑦四国中央⑧岩国⑨八代⑩日南 6. (1) ①石灰石A愛知県B岐阜県①八戸②秩父③宇部④山陽小野田⑤北九州

P.40 7. (1) ①飛行機②空港③産業の米④シリコンアイランド⑤シリコンロード 8. (1) ①弘前②盛岡③能代④天童⑤大崎（鳴子）⑥燕⑦三条⑧野田⑨銚子⑩輪島⑪富山⑫高山⑬奈良⑭高知(土佐)⑮今治⑯福岡(博多)

P.41 9. (1) ①益子②美濃③瀬戸④九谷⑤信楽⑥清水⑦伊万里⑧有田⑨万古 10. (1) ①結城つむぎ②小千谷ちぢみ③加賀友禅④西陣織⑤久留米がすり⑥大島つむぎ

P.42 1. ①京浜工業地帯②中京工業地帯③阪神工業地帯④北九州工業地帯 A太平洋ベルト ※グラフ省略 (1)京浜①労働②5③機械、出版・印刷④ア.横須賀 イ.横浜 ウ.藤沢 エ.川崎 オ.出版・印刷 1. (2)中京①せんい、中央、伊勢②1③機械、陶磁器④ア.四日市 イ.東海 ウ.豊田 エ.瀬戸 オ.多治見 カ.一宮

P.43 1. (3)阪神①天下の台所、淀②2③せんい、中小④ア.大阪 イ.堺 ウ.綿織物 エ.電気機械 オ.和歌山 カ.尼崎 キ.神戸 1. (4) 北九州①筑豊、八幡製鉄所②機械、食品④ア.北九州 イ.久留米 ウ.大牟田 2. ※グラフ省略

P.44 (1) A道央(北海道) ア.室蘭 イ.苫小牧 掘り込み ウ.ビール、乳製品 エ.水産加工 オ.製紙・パルプ カ.製糖 キ.製紙・パルプ、水産加工 ク.函館 B北陸①伝統、中央、石油、天然ガス、石油化学 ②ケ.石油精製 コ.洋食器 サ.刃物・金物 シ.製薬 ス.絹織物・陶磁器 セ.絹織物 C鹿島臨海①掘り込み ②霞ケ、石油化学、コンビナート D京葉 ①化学、金属②ソ.千葉 タ.君津 チ.市原 E関東内陸 ①養蚕、機械②ツ.せんい テ.自動車 ト.絹織物 ナ.しょう油

P.45 (2) A 中央高地①諏訪②精密機械 B 東海①京浜、中京、中央高地②ア.製紙・パルプ イ.アルミニウム ウ.かんづめ エ.食品工業、製茶 オ.楽器、オートバイ C 瀬戸内②ア.水島、コンビナート、造船 イ.自動車 エ.石油化学 カ.セメント キ.鉄鋼 ク.タオル D①有田焼、シリコンアイランド②ア.大分、鉄鋼、石油化学 イ.化学せんい ウ.製紙・パルプ エ.自動車 オ.鹿児島、製紙・パルプ キ.造船 IC工業

P.46 1. (1)※グラフ省略 2. (1)①水力②火力③原子力 ア.茨城、東海 イ.若狭、原発 ④地熱、太陽光、風力

P.47 石油化学=鹿嶋 市原 川崎 四日市 堺 倉敷(水島) 岩国 周南(徳山) 大竹 大分 鉄鋼業=室蘭 鹿嶋 千葉 君津 川崎 東海 和歌山 加古川 倉敷(水島) 福山 呉 北九州 大分 造船業=瀬戸内海 函館 市原 横浜 横須賀 津 舞鶴 神戸 玉野 呉、尾道 坂出 今治 長崎 佐世保 製紙パルプ=釧路 苫小牧 旭川 江別 八戸 秋田 富士、富士宮 四国中央 米子 八代 日南

P.48 自動車工業=苫小牧 上三川 太田 狭山 上尾 寄居 日野 羽村 川崎 藤沢 横浜 横須賀 豊田 岡崎 豊川 浜松 湖西 鈴鹿 池田 京都 倉敷(水島) 広島 府中 防府 苅田 電気機械工業=福島 郡山 日立 宇都宮 小山 高崎 熊谷 門真 茨木 高槻 大津 その他の工業=札幌 帯広 苫小牧 室蘭 八戸 秋田 盛岡 弘前 能代 天童 会津若松 大崎(鳴子) 結城 桐生 伊勢崎 秩父 野田 銚子 一宮 大垣 岐阜 燕 福井 十日町 浜松 瀬戸 多治見 富山 新潟 静岡(清水) たつの 西宮 京都 姫路 有田 堺 宇部 山陽小野田 今治 水俣 延岡 久留米

P.49 1. 2021　表①そう音・振動②大気汚染③悪臭④水質汚だく　2. ①公害対策基本　②大気汚染③地盤沈下④騒音⑤振動⑥環境庁⑦環境基本⑧公害対策基本⑨ストックホルム⑩国連人間環境⑪ブラジル⑫地球サミット（国連環境開発会議）⑬アジェンダ21　3. A新潟（第二）水俣病、有機（メチル）水銀、新潟、阿賀野川　Bイタイイタイ病、カドミウム、富山、神通川　C四日市ぜんそく、亜硫酸ガス、三重、四日市　D水俣病、有機（メチル）水銀、熊本、水俣①足尾銅山鉱毒②アオコ③ぜんそく④アオコ⑤ヘドロ⑥騒音⑦赤潮⑧ひ素中毒

P.50 1. ①熱帯②砂漠、放牧、焼畑③温暖、石油、石炭④酸性雨⑤オゾン、フロン、オゾン⑥海洋　2. ①環境アセスメント　②ナショナルトラスト、知床、屋久、白神　A酸性雨　B砂漠化　C熱帯林の減少　エコマーク

P.51 1. ①①1億2,744万、2019②337、2019②76.3　表①中国②インド③アメリカ合衆国④インドネシア⑤ブラジル⑥パキスタン⑦ナイジェリア⑧バングラデシュ⑨ロシア⑩日本　2. ①太平洋ベルト、東京、大阪、名古屋、1374万　2. ②　札幌・①、仙台・②、さいたま・③、東京・④、川崎・⑥、横浜・⑦、名古屋・⑫、京都・⑬、大阪・⑭、神戸・⑯、広島・⑱、福岡・⑳　2. ③　札幌②仙台③さいたま⑤千葉⑥川崎⑦横浜⑧相模原⑨新潟⑩静岡⑪浜松⑫名古屋⑬京都⑭大阪⑮堺⑯神戸⑰岡山⑱広島⑲北九州⑳福岡㉑熊本

P.52 2. ④山陰、鳥取県　⑤過密、過疎、東京都、1374　3. 2020、6547※グラフ省略　第1次＝農業、林業、水産業、第2次＝鉱業、工業、建設業　第3次＝商業、運輸業、通信業、サービス業　4. ①81、88②出生③高齢化、ピラミッド、つりがね、つぼ※人口ピラミッドグラフ省略

P.53 (1)　ア鉄道　イ自動車　ウ船舶　エ航空機　(2)　①鉄道②自動車、宅配便、コールドチェーン③船舶、カーフェリー、コンテナ、タンカー④航空、IC（集積回路）(3)　①東海道、東京、新大阪②山陽、新大阪、博多③東北、東京、新青森④山形、福島、新庄⑤上越、大宮、新潟⑥秋田、盛岡、秋田⑦北陸、高崎、敦賀⑧九州、博多、鹿児島中央⑨北海道、新青森、新函館北斗⑩西九州、武雄温泉、長崎⑦神戸・鳴門①児島・坂出⑦尾道・今治⑦青函㋺関門Ⓐ成田Ⓑ東京Ⓒ大阪Ⓓ中部Ⓔ関西

P.54 (4)　①根室②函館③東北④奥羽⑤信越⑥北陸⑦中央⑧東海道⑨山陰⑩山陽⑪予讃⑫土讃⑬鹿児島⑭日豊　駅名　太平洋北側から＝根室、函館、青森、福島、高崎、大宮、東京、新宿、大阪、高松、多度津、窪川、宇和島　日本海側北から＝旭川、新潟、直江津、京都、下関、門司　(5)　①道央②東北③北陸④常磐⑤関越⑥東名⑦中央⑧名神⑨中国⑩九州⑪新東名　A札幌　B釧路　C青森　D仙台　E新潟　F東京　G名古屋　H大阪　I北九州　J鹿児島

P.55 1. ア.せんい製品　イ.機械類　ウ.自動車　エ.鉄鋼　オ.せんい原料　カ.機械類　キ.石油　ク.衣類　2. ①成田国際空港、輸出＝半導体等製造装置、科学光学機器、金（非貨幣用）輸入＝医薬品、通信機、集積回路　②東京、輸出＝半導体等製造装置、プラスチック、自動車部品　輸入＝衣類、コンピュータ、集積回路　③名古屋　輸出＝自動車、自動車部品、内燃機関　輸入＝液化ガス、石油、衣類　④横浜、輸出＝自動車、自動車部品、プラスチック　輸入＝石油、アルミニウム、有機化合物　⑤関西国際空港　輸出＝集積回路、電気回路用品、科学光学機器　輸入＝医薬品、通信機、集積回路　⑥大阪　輸出＝集積回路、コンデンサー、プラスチック　輸入＝衣類、肉類、織物類　輸出額＝成田国際空港、名古屋、横浜、東京、大阪　輸入額＝成田国際空港、東京、名古屋、大阪、横浜

P.56 1. 1位（上から順に）＝サウジアラビア⑨、オーストラリア⑳、オーストラリア⑳、カナダ㉒、チリ㉗、オーストラリア⑳、中国⑰、アメリカ合衆国㉓、アメリカ合衆国㉓、アメリカ合衆国㉓、アメリカ合衆国㉓、ブラジル㉕、アメリカ合衆国㉓、中国⑰、中国⑰、ドイツ㉓　2位＝アラブ首長国連邦⑩、ブラジル㉕、インドネシア⑯、アメリカ合衆国㉓、オーストラリア⑳、インドネシア⑯、ニュージーランド㉑、インド⑫、カナダ㉒、カナダ㉒、ブラジル㉕、ベトナム⑭、タイ⑮、チリ㉗、ベトナム⑭、タイ⑮　3位＝クウェート⑧、カナダ㉒、ロシア⑥、ロシア⑥、インドネシア⑯、インド⑫、オーストラリア⑳、ブラジル㉕、オーストラリア⑳、ブラジル㉕、アルゼンチン㉖、コロンビア㉔、オーストラリア⑳、ロシア⑥、バングラデシュ㉙、アメリカ合衆国㉓

P.57 1. ①筑紫②九州③阿蘇④桜島⑤筑紫⑥宮崎⑦熊本⑧八代⑨笠野⑩筑後⑪球磨⑫大淀⑬対馬⑭屋久⑮種子⑯（奄美）大⑰有明⑱大村　ア.雲仙　イ.開聞　ウ.薩摩　エ.大隅　オ.国東　カ.島原　キ.人吉　ク.日田　ケ.都城　コ.沖縄　サ.八代　シ.志布志　あ.阿蘇くじゅう　い.西海　う.雲仙天草　え.霧島錦江湾　A34　B32　C130

P.58 2. 気候区分、上から順にA、B、C、D、E、F　(2)　①太平洋側　②瀬戸内　③南西諸島　④黒潮　⑤対馬　⑥梅雨　⑦台風

P.59 3. ア.筑紫　イ.熊本　ウ.笠野原　エ.宮崎　オ.有明　カ.大村　①いぐさ②小麦③なたね　④さとうきび　⑤パイナップル　⑥さつまいも　⑦茶　⑧促成　⑨ピーマン　⑩かぼちゃ　⑪じゃがいも　⑫縄文　⑬東シナ海　⑭底引網　⑮のり　⑯真珠

P.60 4. ア.造船　イ.石油化学　ウ.鉄鋼　エ.セメント　オ.化学　カ.久留米がすり　キ.石油　ク.唐津焼　ケ.有田焼　コ.製紙パルプ　サ.肥料　シ.化学せんい　ス.石油備蓄　あ.機械　い.食品　う.筑豊　え.IC　①福岡市　②佐賀市　③長崎市、機械・造船　④大分市、製鉄・製油　⑤熊本市　⑥宮崎市　⑦鹿児島市　⑧北九州市、製鉄・機械　⑨久留米市、織物　⑩大牟田市、化学　⑪唐津市、陶磁器　⑫武雄市　⑬佐世保市、造船　⑭八代市、製紙パルプ　⑮水俣市、化学肥料　⑯延岡市、化学せんい　⑰枕崎市　⑱鹿児島市、石油備蓄

P.61 5. ①山陽　②九州　③日豊　④長崎　⑤鹿児島　⑥西九州　⑦新関門　A門司港　B小倉　C博多　D鳥栖　E武雄温泉　F長崎　G鹿児島中央　6. ①長崎県、長崎市　②宮崎県、宮崎市　③熊本県、熊本市　④大分県、大分市　⑤鹿児島県、鹿児島市　⑥佐賀県、佐賀市　⑦沖縄県、那覇市　⑧福岡県、福岡市　面積＝鹿児島県、宮崎県、熊本県　人口＝福岡県、熊本県、鹿児島県

P.62 ※グラフ省略

P.63 1. ①中国　②四国　③島根　④佐田岬　⑤足摺　⑥室戸　⑦高知　⑧讃岐　⑨岡山　⑩鳥取　⑪広島　⑫出雲　⑬吉野　⑭四万十　⑮江の　⑯広島　⑰土佐　ア.大山　イ.三瓶山　ウ.三次　エ.秋吉台　オ.太田　カ.高梁　キ.仁淀　ク.宍道　あ.山陰海岸　い.大山隠岐　う.足摺宇和海　え.瀬戸内海　A132　B35　C33　D134

P.64 2. ①日本海側　②瀬戸内　③太平洋側　④対馬　⑤中国　⑥四国　⑦黒潮

P.65 3. ①出雲　②鳥取　③岡山　④讃岐　⑤香川　⑥児島　⑦高知　⑧徳島　⑨広島　⑩宇和　A米　Bスプリンクラー　C日本なし　Dらっきょう　E塩　F二期作　G促成栽培　Hピーマン　Iこうぞ　Jみつまた　K藍（あい）　Lみかん　Mかき　N真珠

P.66 4. 1自動車　2せんい　3セメント　4セメント　5石油化学　6石油化学　7製紙パルプ　8鉄鋼・造船　9鉄鋼　10鉄鋼・石油化学　11せんい　12化学　13製紙パルプ　①山口　②松江　③鳥取　④広島、自動車　⑤岡山、せんい　⑥高松　⑦松山　⑧徳島　⑨高知　⑩宇部、セメント　⑪山陽小野田、セメント　⑫岩国、石油化学　⑬周南、石油化学　⑭米子、製紙パルプ　⑮呉、鉄鋼　⑯福山、鉄鋼　⑰倉敷、鉄鋼・石油化学　⑱今治、せんい　⑲新居浜、化学　⑳四国中央、製紙パルプ

P.67 5. ①山陽　②山陽　③山陰　④土讃　⑤予讃　⑥徳島　A幡生　B高松　C徳島　D多度津　E佃　F窪川　G宇和島　H瀬戸大橋　Iしまなみ海道　6. ①鳥取県、鳥取市　②愛媛県、松山市　③広島県、広島市　④岡山県、岡山市　⑤徳島県、徳島市　⑥島根県、松江市　⑦高知県、高知市　⑧香川県、高松市　⑨山口県、山口市　面積＝鳥取県、岡山県、高知県　人口＝広島県、岡山県、山口県

P.68 ※グラフ省略

P.69 1. ①紀伊　②丹波　③鈴鹿　④大台ヶ原　⑤志摩　⑥丹後　⑦大阪　⑧京都　⑨奈良　⑩近江　⑪淀　⑫紀の　⑬熊野　⑭淡路　⑮大阪　⑯伊勢　⑰若狭　⑱琵琶　ア.伊吹　イ.比良　ウ.潮　エ.天神　オ.伊勢　カ.和歌山　キ.播磨　ク.英虞　あ.山陰海岸　い.伊勢志摩　う吉野熊野　え瀬戸内海　A135　B136　C35　D34

P.70 2. ①中国　②丹波　③紀伊　④日本海側　⑤太平洋側　⑥瀬戸内　⑦北西　⑧対馬　⑨黒潮　⑩南東　A少なく　B大きく　Cフェーン　D少なく　E大きく

P.71 3. (1)播磨　(2)近江　(3)伊勢　(4)琵琶　(5)淡路　(6)京都　(7)奈良　①野菜（たまねぎ）②みかん　③うめ　④吉野すぎ　⑤尾鷲ひのき　⑥茶　⑦真珠　⑧あゆ　⑨きんぎょ　⑩あゆ　A近郊農業　B兼業　C私有林　D新宮　E大台ヶ原　F尾鷲

P.72 4. 1電気機械　2鉄鋼　3墨　4造船　5鉄鋼　6醸造（日本酒）　7石油化学　8電気機械　9電気機械　10せんい（綿）11せんい（綿）12石油化学　13自動車　A天下の台所　B西陣織　C清水焼　D友禅染　E機械　F金属　G中小　①神戸　②大阪　③京都　④大津、電気機械　⑤和歌山、鉄鋼⑥奈良　⑦津、造船⑧加古川、鉄鋼⑨西宮、醸造（日本酒）⑩堺、石油化学⑪門真、電気機械⑫守口、電気機械⑬泉佐野、せんい（綿）⑭泉大津、せんい（綿）⑮四日市、石油化学⑯鈴鹿、自動車

P.73 5. ①東海道　②山陽　③東海道　④山陰　⑤山陽　⑥北陸　⑦関西　⑧紀勢　⑨関西国際　⑩大阪国際　A米原　B亀山　C和歌山　DJR難波　E京都　F神戸　6. ①奈良県、奈良市　②和歌山県、和歌山市　③三重県、津市　④兵庫県、神戸市　⑤滋賀県、大津市　⑥京都府、京都市　⑦大阪府、大阪市　面積＝兵庫県、三重県、和歌山県　人口＝大阪府、兵庫県、京都府

P.74 ※グラフ省略

P.75 1. ①越後 ②関東 ③飛驒 ④木曽 ⑤赤石 ⑥能登 ⑦伊豆 ⑧渥美 ⑨知多 ⑩濃尾 ⑪越後 ⑫長野 ⑬松本 ⑭諏訪 ⑮甲府 ⑯阿賀野 ⑰信濃 ⑱神通 ⑲富士 ⑳木曽 ㉑長良 ㉒若狭 ㉓諏訪 ㉔佐渡 ア.両白 イ.白 ウ.乗鞍 エ.浅間 オ.富士 カ.八ヶ キ.天竜 ク.浜名 あ.白山 い.中部山岳 う.上信越高原 え.南アルプス A137 B139 C35 D37

P.76 2. ①太平洋側 ②日本海側 ③内陸 ④黒潮 ⑤フェーン ⑥少なく ア.対馬 イ.飛驒 ウ.木曽 エ.赤石 A北陸 B中央高地 C東海

P.77 3. (1)越後 (2)富山 (3)濃尾 (4)木曽 (5)長野 (6)知多 (7)渥美 (8)岡崎 (9)牧ノ (10)浜名 (11)甲府 (12)佐久 A.大河津 B.暗きょ C.流水客土 D.輪中 E.高原 F.近郊 G.多角 H.愛知 I.明治 J.豊川 K.木曽ひのき L.天竜すぎ ①チューリップ ②りんご ③きゃべつ ④電照 ⑤ぶどう ⑥もも ⑦茶 ⑧みかん ⑨うなぎ ⑩食用鯉 ⑪のり

P.78 4. 1羽二重 2九谷 3友禅 4輪島塗 5絹織物 6小千谷ちぢみ 7陶磁器 8製紙パルプ 9アルミニウム 10製油 11楽器 12オートバイ 13鉄鋼 14自動車 15綿織物 16毛織物 17陶磁器 18精密機械 ①福井、羽二重 ②金沢、九谷焼・加賀友禅 ③富山 ④新潟 ⑤岐阜 ⑥長野 ⑦甲府 ⑧名古屋 ⑨静岡 ア.輪島、輪島塗 イ.十日町、絹織物 ウ.小千谷、小千谷ちぢみ エ.多治見、陶磁器 オ.大垣 カ.富士、製紙パルプ キ.静岡（蒲原）、アルミニウム ク.静岡市（清水）、製油 ケ.浜松、楽器・オートバイ コ.東海、鉄鋼 サ.豊田、自動車 シ.岡崎、綿織物 ス.一宮、毛織物 セ.瀬戸、陶磁器 ソ.岡谷、精密機械

P.79 5. ①東海道 ②上越 ③北陸 ④東海道 ⑤中央 ⑥北陸 ⑦信越 ⑧上越 A新潟 B直江津 C敦賀 D米原 E名古屋 6. ①福井県、福井市 ②石川県、金沢市 ③富山県、富山市 ④新潟県、新潟市 ⑤岐阜県、岐阜市 ⑥長野県、長野市 ⑦愛知県、名古屋市 ⑧静岡県、静岡市 ⑨山梨県、甲府市 面積＝長野県、新潟県、岐阜県 人口＝愛知県、静岡県、新潟県

P.80 ※グラフ省略

P.81 1. ①越後 ②関東 ③阿武隈 ④赤城 ⑤浅間 ⑥筑波 ⑦三浦 ⑧房総 ⑨常総 ⑩下総 ⑪利根 ⑫荒 ⑬多摩 ⑭相模 ⑮沖ノ鳥 ⑯南鳥 ⑰霞ケ浦 あ.日光 い.秩父多摩甲斐 う.富士箱根伊豆 A140 B35

P.82 2. ①房総 ②太平洋側 ③黒潮 ④内陸 ⑤ヒートアイランド A越後 B関東 C阿武隈

P.83 3. ①レタス ②キャベツ ③こんにゃくいも ④かんぴょう ⑤いちご ⑥らっかせい ⑦はくさい ⑧レタス ア.早場米 イ.水郷 ウ.大利根 エ.両総 オ.抑制 カ.霞ケ浦

P.84 4. 1造船 2鉄鋼 3鉄鋼 4石油化学 5石油化学 6鉄鋼 7セメント 8秩父めいせん 9電気機械 10鉄鋼 11石油化学 ②横浜、造船・自動車 ③千葉、鉄鋼 ④さいたま ⑤水戸 ⑥宇都宮 ⑦前橋 ⑧川崎、鉄鋼・石油化学 ⑨市原、石油化学 ⑩君津、鉄鋼 ⑪銚子、食品 ⑫秩父、セメント ⑬日立、電気機械 ⑭鹿嶋、鉄鋼・石油化学

P.85 5. ①東海道 ②上越 ③東北 ④北陸 ⑤東海道 ⑥常磐 ⑦東北 ⑧中央 ⑨総武 ⑩内房 ⑪東京国際 ⑫成田国際 A銚子 B大宮 C東京 D高崎 6. ①栃木県、宇都宮市 ②群馬県、前橋市 ③茨城県、水戸市 ④東京都、東京 ⑤神奈川県、横浜市 ⑥千葉県、千葉市 ⑦埼玉県、さいたま市 面積＝栃木県、群馬県、茨城県 人口＝東京都、神奈川県、埼玉県

P.86 ※グラフ省略

P.87 1. ①奥羽 ②出羽 ③北上 ④下北 ⑤津軽 ⑥男鹿 ⑦牡鹿 ⑧津軽 ⑨能代 ⑩秋田 ⑪庄内 ⑫仙台 ⑬北上 ⑭山形 ⑮米沢 ⑯福島 ⑰郡山 ⑱最上 ⑲北上 ⑳雄物 ㉑阿賀野 ㉒米代 ㉓陸奥 ㉔松島 ㉕十和田 ㉖田沢 ㉗猪苗代 ア.阿武隈 イ.白神 ウ.龍飛 エ.会津 オ.岩木 カ.三陸 あ.十和田八幡平 い.三陸復興 A40 B140 C142

P.88 2. ①奥羽 ②内陸 ③親潮 ④やませ ⑤対馬 ⑥フェーン

P.89 3. ①りんご ②さくらんぼ(おうとう) ③もも ④たばこ ⑤もも ⑥青森ひば ⑦秋田すぎ A八郎潟 B冷害 C安積 Dリアス E潮流 F陸奥 G松島 ア.津軽 イ.大潟 ウ.秋田 エ.庄内 オ.単作 カ.山形 キ.仙台 ク.ほたて ケ.かき コ.福島 サ.猪苗代 シ.郡山

P.90 4. 1南部鉄器 2セメント 3津軽塗 4春慶塗 5会津塗 6シリコンアイランド ①青森 ②秋田、製油・製紙パルプ ③山形 ④盛岡、南部鉄器 ⑤仙台、製油・製紙パルプ ⑥福島 ア.八戸、水産加工・セメント・製紙パルプ イ.弘前、津軽塗 ウ.能代、春慶塗 エ.米沢、米沢織 オ.天童、将棋の駒 カ.いわき、セメント・化学肥料・電気機械 キ.郡山、化学せんい・電気機械 ク.会津若松、会津塗

P.91 5. ①東北 ②山形 ③秋田 ④北海道 ⑤東北 ⑥奥羽 ⑦常磐 ⑧青函 A.青森 B.新青森 C.盛岡 D.岩沼 E.福島 F.秋田 G.新庄 6. ①秋田県、秋田市 ②宮城県、仙台市 ③青森県、青森市 ④岩手県、盛岡市 ⑤福島県、福島市 ⑥山形県、山形市 面積＝岩手県、福島県、秋田県 人口＝宮城県、福島県、青森県

P.92 ※グラフ省略

P.93 1. ①天塩 ②北見 ③夕張 ④日高 ⑤知床 ⑥根室 ⑦積丹 ⑧渡島 ⑨石狩 ⑩十勝 ⑪上川 ⑫根釧 ⑬石狩 ⑭歯舞 ⑮色丹 ⑯国後 ⑰択捉 ⑱石狩 ⑲内浦 ⑳洞爺 ㉑サロマ ア.大雪 イ.羊蹄 ウ.富良野 エ.十勝 オ.天塩 カ.奥尻 あ.大雪山 い.阿寒摩周 う.釧路湿原 A140 B145 C45 D43

P.94 2. ①北海道 ②夕張 ③北見 ④オホーツク ⑤流氷 ⑥寒潮（千島海流） ⑦根釧 ⑧濃霧

P.95 3. A.石狩 B.客土 C.上川 D.十勝 E.根釧 F.乳用 G.肉用 H.サロマ I.根室 ア.屯田兵 イ.内陸性 ウ.水田単作 エ.火山灰地 オ.パイロットファーム カ.ほたて貝 キ.こんぶ

P.96 4. 1製紙パルプ 2造船 3製紙パルプ 4製紙パルプ 5鉄鋼 6製糖 7製紙パルプ 8水産加工 ①札幌、食品 ②苫小牧、製油、製紙パルプ ③函館、造船、水産加工 ④旭川、製紙パルプ ⑤釧路、製紙パルプ、水産加工 ⑥室蘭、鉄鋼 ⑦帯広、製糖 ⑧江別、製紙パルプ ⑨小樽、水産加工

P.97 5. ①北海道 ②宗谷 ③函館 ④室蘭 ⑤根室 ⑥青函 A.岩見沢 B.滝川 C.旭川 D.根室 E.長万部 F.函館 G.稚内 6. 1※グラフ省略

P.98 (1)A3 B6 C2 D8 E5 F4 G1 H7

P.99 1. 半島、北から=2 3 4 1 5 9 6 7 11 8 10 ①牡鹿 ②根室 ③渡島 ④男鹿 ⑤能登 ⑥房総 ⑦伊豆 ⑧薩摩 ⑨三浦 ⑩大隅 ⑪国東

P.100 2. ㋐伊豆半島 ㋑積丹半島 ㋒能登半島 ㋓知多半島 ㋔渥美半島 ㋕房総半島 ㋖津軽半島 ㋗下北半島 ㋘薩摩半島 ㋙大隅半島 ㋚島原半島 ㋛支笏湖 ㋜洞爺湖 ㋝十三湖 ㋞小川原湖 ㋟池田湖 A駿河湾 B内浦湾 C石狩湾 D富山湾 E三河湾 F陸奥湾 G鹿児島湾 H大村湾 ①津軽半島 ②伊豆半島 ③牡鹿半島 ④男鹿半島 ⑤佐田岬半島 ㋐岩木川 ㋑富士川 ㋒大井川 ㋓米代川 ㋔雄物川 ㋕四万十川 ㋖北上川

P.101~102 (1)石狩川 (2)十勝川 (3)岩木川 (4)米代川 (5)雄物川 (6)北上川 (7)最上川 (8)阿武隈川 (9)利根川、坂東 (10)阿賀野川 (11)信濃川 (12)神通川 (13)天竜川 (14)木曽川 (15)淀川 (16)吉野川、四国 (17)越後川、筑紫 ①上川 ②泥炭 ③札幌 ④日高 ⑤帯広 ⑥十勝 ⑦白神 ⑧弘前 ⑨津軽 ⑩大館 ⑪能代 ⑫横手 ⑬秋田 ⑭盛岡 ⑮仙台 ⑯米沢 ⑰山形 ⑱庄内 ⑲酒田 ⑳安積 ㉑郡山 ㉒福島 ㉓矢木沢 ㉔下総 ㉕水郷 ㉖銚子 ㉗只見 ㉘会津 ㉙第二(新潟) ㉚水俣 ㉛越後 ㉜松本 ㉝長野 ㉞小千谷ちぢみ ㉟越後 ㊱新潟 ㊲イタイイタイ ㊳富山 ㊴製薬 ㊵諏訪 ㊶佐久間 ㊷浜松 ㊸濃尾 ㊹輪中 ㊺伊勢 ㊻琵琶 ㊼茶 ㊽京都 ㊾関西国際 ㊿四国 51香川 52徳島 53久留米 54筑紫 55クリーク 56有明

P.103 (1) ①オ ②カ ③チ ④ク ⑤ニ ⑥ウ ⑦サ ⑧タ ⑨ヌ ⑩エ ⑪ト ⑫ケ ⑬ナ ⑭ツ ⑮ス ⑯コ ⑰ソ ⑱シ ⑲ア ⑳ネ ㉑キ ㉒セ ㉓テ ㉔イ

P.104 (1) ①カB ②オG ③クD ④ウF ⑤アE ⑥エH ⑦キC ⑧コA ⑨ケJ ⑩イI

P.105 (1) 作業1＝A145 B140 C135 D130 E45 F40 G35 作業2＝1愛媛県 2和歌山県 3奈良県 4福井県 5長野県 6千葉県 7広島県 8兵庫県 9大阪府 10三重県 11千葉県 12新潟県 13山形県 14秋田県 15岩手県 16茨城県 17栃木県 18山形県 19青森県 20和歌山県 21奈良県 22京都府 A佐渡 B八郎潟 作業3＝A名古屋 B岐阜 C津 D大津 E京都 F奈良 G大阪 H神戸 I和歌山 J青森 K秋田 L盛岡 M山形 N仙台 O福岡 P佐賀 Q長崎 R熊本 S鹿児島 T宮崎 U大分 V高知 作業4＝A札幌 B帯広 C釧路 D旭川

P.106 (1) ①アメリカ合衆国、I ②オーストラリア、G ③インドネシア、D ④マレーシア、C ⑤中国、E ⑥韓国、F ⑦ドイツ、A ⑧カナダ、H ⑨サウジアラビア、B (2) ①原油 ②鉄鉱石 ③綿花 ④自動車 ⑤石炭 ⑥木材 ⑦液化天然ガス ⑧銅鉱 (3)左上から右へ＝ウ、エ、イ、カ、オ、ア

P.107 作業1＝A扇状地 B河岸段丘 Cリアス海岸 D台地 E砂浜海岸 F三角州 作業2＝三日月 1500 ①広葉樹林 ②寺院 ③竹林 ④三角点 ⑤高等学校 ⑥郵便局 ⑦工場 ⑧神社 ⑨番地 ⑩煙突 ⑪消防署 ⑫市役所 ⑬田

P.108 作業1＝解答省略 作業2＝解答省略

統計資料

農業・水産業の統計

1. 日本の国土の土地利用の割合（2020年）

総面積	37.8万km²
農地・牧草地	11.6%
原野	0.8%
森林	66.2%
その他	21.4%

※全耕地面積433万ha（2022年）

2. 主業農家と準主業農家の割合（2019年）

合計	100.0%
主業農家	20.8
準主業農家	14.6
副業的農家	64.6
主業・準主業農家小計	40.2

※全農家数113万戸

3. 農作物の作付面積の割合（2016年）

作付面積	410万ha
稲	36.1%
飼肥料作物	26.4%
やさい	12.7%
麦類	6.7%
くだもの	5.5%
豆類	4.6%
工芸作物	3.7%
その他	4.3%

4. 農作物の産出額の割合（2021年）

総産出額	8兆8384億円
ちく産	38.5%
やさい	24.3%
米	15.5%
くだもの	10.4%
花き	3.7%
工芸作物	2.0%
その他	5.6%

※食料自給率38%

5. 農産物の生産量（1）

生産物	全国	1位	2位	3位	4位	5位
米（2022年）	726.9万t	新潟 63.1	北海道 55.3	秋田 45.7	山形 36.5	宮城 32.7
小麦（2022年）	993,500t	北海道 614,200	福岡 75,400	佐賀 56,600	愛知 30,000	三重 25,000
じゃがいも（2021年）	217.5万t	北海道 168.6	鹿児島 9.1	長崎 8.2	茨城 5.0	千葉 3.0
さつまいも（2022年）	710,700t	鹿児島 210,000	茨城 194,300	千葉 88,800	──	──
たまねぎ（2021年）	109.6万t	北海道 66.6	佐賀 10.1	兵庫 10.0	──	──
ピーマン（2021年）	148,500t	茨城 33,400	宮崎 26,800	鹿児島 13,300	高知 13,000	──
きゅうり（2021年）	551,300t	宮崎 63,700	群馬 53,900	埼玉 45,500	福島 39,300	千葉 31,200
キャベツ（2021年）	148.5万t	群馬 29.2	愛知 26.7	千葉 12.0	茨城 10.9	長野 7.3
レタス（2021年）	546,800t	長野 178,800	茨城 87,000	群馬 54,500	長崎 35,000	兵庫 25,900
りんご（2021年）	661,900t	青森 415,700	長野 110,300	岩手 42,400	山形 32,300	福島 18,600

生産物	全国	1位	2位	3位	4位	5位
みかん（2021年）	749,000t	和歌山 147,800	愛媛 127,800	静岡 99,700	熊本 90,000	長崎 52,000
日本なし（2021年）	184,700t	千葉 20,500	茨城 19,100	栃木 15,900	長野 12,000	福島 11,900
さくらんぼ（おうとう）（2021年）	13,100t	山形 9,160	北海道 1,500	──	──	──
ぶどう（2021年）	165,100t	山梨 40,600	長野 28,800	岡山 15,100	山形 14,600	福岡 6,910
もも（2021年）	107,300t	山梨 34,600	福島 24,300	長野 10,600	山形 8,880	和歌山 7,310
かき（2021年）	187,900t	和歌山 39,700	奈良 28,300	福岡 15,800	岐阜 12,600	長野 9,870
い草（2022年）	5,810t	熊本 5,810	──	──	──	──
茶（2021年）	78,100t	静岡 29,700	鹿児島 26,500	三重 5,360	宮崎 3,050	──
たばこ（2010年）	29,297t	熊本 3,594	宮崎 3,121	青森 2,876	岩手 2,828	沖縄 2,249
乳用牛（2022年）	137.1万頭	北海道 84.6	栃木 5.5	熊本 4.4	岩手 4.0	群馬 3.4
肉用牛（2022年）	261.4万頭	北海道 55.3	鹿児島 33.8	宮崎 25.5	熊本 13.4	岩手 8.9
ぶた（2022年）	894.9万頭	鹿児島 119.9	宮崎 76.4	北海道 72.8	群馬 60.5	千葉 58.3
にわとり（ブロイラー）（2022年）	13,923万羽	鹿児島 2,809	宮崎 2,760	岩手 2,110	青森 806	北海道 518
採卵鶏（2022年）	18,010万羽	茨城 1,514	千葉 1,284	鹿児島 1,173	広島 993	愛知 975

6. 農産物の生産量（2）

生産物	全国	1位	2位	3位	4位	5位
大麦（2020年）	201,300t	佐賀 40,800	栃木 35,940	福岡 26,500	福井 14,000	富山 8,730
だいず（2022年）	242,800t	北海道 108,900	宮城 15,800	秋田 11,500	滋賀 10,600	福岡 9,790
だいこん（2021年）	125.1万t	千葉 14.8	北海道 14.3	青森 11.4	鹿児島 9.3	神奈川 7.4
はくさい（2021年）	899,900t	茨城 250,300	長野 228,000	──	──	──
トマト（2021年）	725,200t	熊本 132,500	北海道 65,200	愛知 49,200	茨城 47,600	千葉 32,500
なす（2021年）	297,700t	高知 39,300	熊本 33,300	群馬 27,400	茨城 18,100	福岡 17,800
いちご（2021年）	164,800t	栃木 24,400	福岡 16,600	熊本 12,100	愛知 11,000	長崎 10,700
すいか（2021年）	319,600t	熊本 49,300	千葉 37,500	山形 32,200	新潟 17,800	愛知 16,700

生産物	全国	1 位	2 位	3 位	4 位	5 位
ほうれんそう(2021年)	210,500t	埼玉 22,800	群馬 21,500	千葉 18,500	茨城 17,800	─
まゆ(2010年)	265t	群馬 74	福島 41	栃木 31	埼玉 21	宮城・茨城・岩手 8
うめ(2021年)	104,600t	和歌山 67,500	群馬 5,770	─	─	─
こんにゃくいも(2021年)	54,200t	群馬 51,200	─	─	─	─
らっかせい(2021年)	14,800t	千葉 12,500	茨城 1,370	─	─	─

7. 水産物の生産量(養殖)

生産物	全国	1 位	2 位
ぶり類(2021年)	13.4万t	鹿児島 32%	愛媛 15%
のり(2021年)	23.7万t	佐賀 24%	兵庫 19%
真珠(2021年)	13t	長崎 41%	愛媛 34%
ほたて貝(2021年)	16.5万t	青森 48%	北海道 46%
かき(2021年)	15.9万t	広島 58%	宮城 14%
うなぎ(2021年)	2.1万t	鹿児島 42%	愛知 26%

8. わが国のおもな輸入水産物(2019年)

魚介類計	1,609,182百万円
さけ・ます	221,816
まぐろ	185,339
えび	182,774
いか	68,654
かに	64,917
にしん	37,624

9. 世界の漁獲量(2020年)

世界計	91,421千t
中国	13,446
インドネシア	6,989
ペルー	5,675
インド	5,523
ロシア	5,081
アメリカ合衆国	4,253

10. おもな漁港の水揚げ量(2021年)

銚子	280千t
釧路	205
焼津	148
石巻	96
境	91

工業の統計

1. わが国の工業原料の輸入相手国と輸入割合(2021年)

品 名	輸入割合	1 位	2 位	3 位	4 位	5 位
原 油	99.7%	サウジアラビア 40.0%	アラブ首長国連邦 34.8	クウェート 8.5	カタール 7.4	ロシア 3.7
石 炭	99.6%	オーストラリア 67.2%	インドネシア 11.3	ロシア 10.2	アメリカ合衆国 4.8	カナダ 4.4
鉄鉱石	100%	オーストラリア 55.3%	ブラジル 28.3	カナダ 7.0	南アフリカ共和国 3.7	アメリカ合衆国 1.4
銅鉱石	99.9%(2006年)	チリ 35.0%	オーストラリア 18.0	インドネシア 13.0	ペルー 9.9	カナダ 8.5
液化天然ガス	97.7%(2019年)	オーストラリア 36.0%	マレーシア 12.5	アメリカ合衆国 11.0	カタール 11.0	ロシア 8.7
木 材	58.9%	カナダ 29.8%	アメリカ合衆国 17.0	ロシア 13.1	─	─
ボーキサイト(2003年)	100%	オーストラリア 38%	インドネシア 36	インド 9	アメリカ合衆国 8	中国 7
綿 花(重量ベース)(2018年)	100%	アメリカ合衆国 32.0%	インド 15.9	ブラジル 14.5	オーストラリア 11.0	ギリシャ 8.2
羊 毛(重量ベース)(2018年)	100%	中国 43.3%	ニュージーランド 16.1	オーストラリア 15.1	(台湾) 10.2	─
天然ゴム	100%	インドネシア 68.5%	タイ 28.2	─	─	─

2. おもな国の鉄鋼生産量(2022年)

世界計	188,503万t
中 国	101,796
インド	12,507
日 本	8,924
アメリカ合衆国	8,054
ロシア	7,147

3. おもな国の鉄鋼輸出量(2021年)

世界計	46,038万t
中 国	6,621
日 本	3,376
ロシア	3,258
韓 国	2,678
ドイツ	2,395

4. おもな国の自動車生産量(2022年)

世界計	8,502万台
中 国	2,702
アメリカ合衆国	1,006
日 本	784
インド	546
韓 国	376

5. おもな国の新造船受注量(2021年)

世界計	8,505万総トン
中 国	4,072
韓 国	3,419
日 本	734
フィリピン	104
ベトナム	68

6. わが国のパルプ輸入先(2019年)

世界計	172万 t
アメリカ合衆国	50
カナダ	43
ブラジル	32
チリ	13
ロシア	7

7. 陶磁器の県別出荷割合(2007年)

合計	7,669億円
愛 知	27.1%
岐 阜	13.6
その他	59.3

8. 工業製品生産（出荷額）における三大工業地帯の割合（2017年）

京浜	中京	阪神	その他
10.9%	26.6%	13.9%	48.6%

9. おもな工業地帯の工業製品生産（出荷額）の割合（2017年）

	三大工業地帯			その他の工業地域・地帯					
	京浜	中京	阪神	関東内陸	京葉	東海	北陸	瀬戸内	北九州
金属	9%	10%	21%	12%	21%	8%	17%	19%	16%
機械	49	67	37	46	13	52	41	35	47
化学	18	6	17	10	40	11	13	22	6
食品	11	5	11	15	16	14	9	8	17
せんい	0	1	1	1	0	1	4	2	0
その他	13	11	13	16	10	14	16	14	14
出荷額	26.0兆円	63.5兆円	33.1兆円	32.8兆円	12.2兆円	16.9兆円	14.0兆円	30.8兆円	9.8兆円

10. 大工場と中小工場の割合（2020年）

	大工場	中小工場
工場の数	1.6%	98.4%
働く人の数	33.0%	67.0%
出荷額	51.1%	48.9%

11. わが国の発電のエネルギー源の割合（2021年）

火力	原子力	水力
80.0%	7.0%	9.0%

公害・人口の統計

1. 公害に対する苦情のうちわけ（2021年）

合計	100.0%
そう音・振動	28.5
大気汚染	19.5
悪臭	14.1
水質汚だく	7.3
その他の公害	30.6

2. 人口の多い国々（2018年　億人）

世界計	中国	インド	アメリカ合衆国	インドネシア	ブラジル	パキスタン	ナイジェリア	バングラデシュ	ロシア	日本
76.3億人	14.2	12.9	3.2	2.6	2.0	2.0	1.9	1.6	1.4	1.2

（2017年）

3. 産業別人口の割合（2020年）

合計	100.0%（6,547万人）
第1次産業	3.2%
第2次産業	23.4
第3次産業	73.4

4. 年齢・男女別人口の割合（2022年　％）

年齢	0〜4歳	5〜9	10〜14	15〜19	20〜24	25〜29	30〜34	35〜39	40〜44	45〜49	50〜54	55〜59	60〜64	65〜69	70〜74	75歳以上
男	3.6	4.2	4.5	4.7	5.3	5.4	5.4	6.0	6.6	7.9	7.8	6.6	6.1	6.7	7.3	12.6
女	3.2	3.8	4.0	4.2	4.7	4.9	4.9	5.5	6.1	7.3	7.3	6.3	5.9	6.0	7.7	18.2

※四捨五入の関係で割合の合計が100%にならない場合がある。

日本の貿易統計

1. 戦前と戦後の輸出入品

輸出

1934年〜36年平均		2021年	
せんい製品	57.6%	機械類	38.1%
機械類	3.1	自動車	12.9
魚介類	2.9	鉄鋼	4.6
鉄鋼	2.6	自動車部品	4.3
金属製品	2.3	プラスチック	3.6
その他	31.5	精密機械	2.9
		その他	33.6

輸入

1934年〜36年平均		2021年	
せんい原料	39.8%	機械類	25.1%
石油	6.2	石油	10.7
鉄鋼	4.5	液化ガス	5.9
肥料	4.1	医薬品	5.0
鉄くず	3.1	衣類	3.3
その他	42.3	石炭	3.3
		精密機械	2.6
		その他	44.1

2. わが国のおもな貿易港の輸出入品（2021年）

輸出品（％）

成田国際空港	半導体等製造装置 9.1%	科学光学機器 5.8	金（非貨幣用） 5.6
東京	半導体等製造装置 7.6%	プラスチック 4.8	自動車部品 4.7
名古屋	自動車 23.1%	自動車部品 16.8	内燃機関 4.1
横浜	自動車 16.8%	自動車部品 5.2	プラスチック 4.5
関西国際空港	集積回路 20.4%	電気回路用品 6.4	科学光学機器 6.2
大阪	集積回路 11.1%	コンデンサー 8.4	プラスチック 5.4

輸入品（％）

成田国際空港	医薬品 15.9%	通信機 13.8	集積回路 9.0
東京	衣類 7.5%	コンピュータ 5.3	集積回路 4.6
名古屋	液化ガス 7.7%	石油 6.9	衣類 5.8
横浜	石油 9.0%	アルミニウム 4.0	有機化合物 3.3
関西国際空港	医薬品 25.5%	通信機 13.4	集積回路 7.9
大阪	衣類 12.4%	肉類 6.3	織物類 4.3

3. 輸出入額の多い貿易港（2021年　億円）

	輸出	輸入
成田国際空港	128,215	161,145
東京	64,938	122,281
名古屋	124,805	52,892
横浜	72,255	49,870
関西国際空港	57,362	41,858
大阪	46,981	50,967
神戸	58,960	35,862
博多	32,300	10,987

4. 日本のおもな輸入品の輸入先（2021年　％）

小麦	アメリカ合衆国 45.1%	カナダ 35.5	オーストラリア 19.2
だいず	アメリカ合衆国 75.9%	カナダ 15.1	ブラジル 8.3
とうもろこし	アメリカ合衆国 72.8%	ブラジル 15.4	アルゼンチン 7.3
コーヒー豆	ブラジル 36.4%	ベトナム 25.0	コロンビア 11.9
肉類	アメリカ合衆国 29.1%	タイ 13.4	オーストラリア 13.1
魚介類	中国 18.0%	チリ 9.2	ロシア 9.1
衣類	中国 55.8%	ベトナム 14.1	バングラデシュ 4.6
自動車	ドイツ 33.5%	タイ 9.6	アメリカ合衆国 7.9